AF454011

LA
CÉRAMIQUE DU PAYS D'AUGE

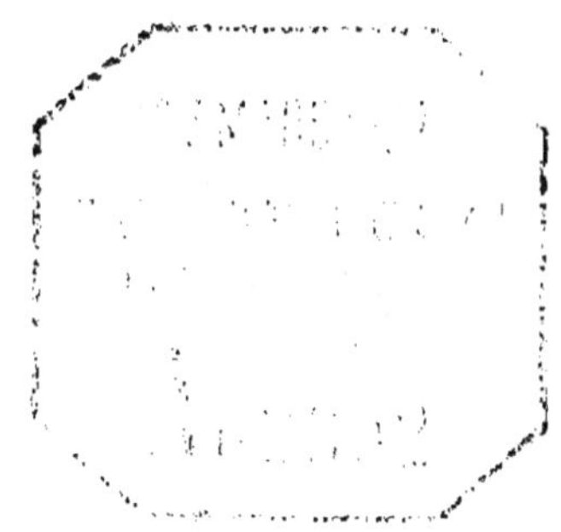

ARCHITECTURE ET ARTS DÉCORATIFS

Collection publiée sous la direction de M. Louis HAUTECŒUR

LA CÉRAMIQUE DU PAYS D'AUGE

L'ART DE TERRE A MANERBE ET AU PRÉ-D'AUGE

PAR

ÉTIENNE DEVILLE

CONSERVATEUR DE LA BIBLIOTHÈQUE ET DU MUSÉE DE LISIEUX

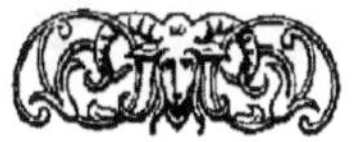

PARIS ET BRUXELLES

G. VANOEST, ÉDITEUR

1927

LA CÉRAMIQUE DU PAYS D'AUGE

I. — Les origines.

L'art céramique date des anciens jours. Il occupe toutes les sociétés naissantes et tous les peuples à qui l'histoire assigne un rang. L'argile qu'on trouve partout en abondance, et qui est d'une manipulation si facile, fut, sans aucun doute, la matière primitivement employée par les hommes à la confection des meubles et ustensiles les plus indispensables. Humide, elle s'étend, se plie et s'arrondit sous sa main ; nulle matière n'est plus docile. L'art de la façonner est très simple à son début. On pouvait travailler à la main un carreau, une cuvette, des vaisseaux de tout genre. Plus tard, on songea à donner aux surfaces la régularité et le poli. Le tour et le moulage intervinrent puis, on fit appel aux autres arts pour arriver à cette perfection que l'on constate, au fur et à mesure qu'on avance dans l'histoire.

Ceux qui savaient fondre et traiter les métaux avaient trouvé le moyen de préparer l'argile crue et de la durcir par le feu. Chez tous les peuples de l'antiquité, on rencontre des ouvrages de terre cuite. Numa avait réuni les potiers de terre en un collège, et il y avait à Athènes un quartier qui devait son nom aux professions qu'alimente et occupe l'art céramique.

La perfection des vases et ustensiles a dû, dans tous les temps, dépendre beaucoup de la qualité des matières propres à leur fabrication. Ces matières, ou ces terres, ont pour base l'alumine et la silice. Il y a des variétés infinies entre l'argile figuline, fine ou colorée, qui sert à la fabrication de la faïence grossière et l'argile blanche ou kaolin, provenant de la décomposition des roches felspathiques. L'on a pu, dans ces lieux où abondait la plus pure argile, franchir aisément tous les degrés qui séparent l'invention du perfectionnement.

Les historiens de la céramique ont essayé de généraliser et de ramener à des types conventionnels l'immense production que nous constatons aujourd'hui. On peut, sans crainte d'être démenti, affirmer que le nombre des ateliers était beaucoup plus grand que ceux énumérés au cours des ouvrages que nous possédons sur ce sujet. Beaucoup même ont eu une importance capitale dans l'histoire et le développement de l'art de terre, sans occuper cependant la place à laquelle ils pouvaient prétendre dans les fastes historiques de l'art céramique.

L'industrie potière a été, de tout temps, florissante en basse Normandie et particulièrement dans le Calvados. Parmi les ateliers artistiques ou industriels qui, à différentes époques, ont couvert le pays de leurs productions, il n'en est pas de plus intéressant à étudier que ceux de Manerbe et du Pré-d'Auge, deux communes situées à six et sept kilomètres de Lisieux.

L'origine de cette industrie locale est encore entourée de ténèbres mystérieuses ; toutefois, Déchelette, dans son remarquable travail sur *Les vases céramiques de la Gaule romaine*, reconnaît que l'importance des gisements de terre à potier aux environs de Lisieux et la grande quantité de pièces, rend des plus vraisemblables l'existence d'un atelier céramique chez les Lexovii. En effet, les découvertes faites à Lisieux, au Grand-Jardin, par Delaporte, en 1861 et années suivantes, mirent au jour un riche butin archéologique : plus de 800 vases intacts, 2.000 brisés, ollas, cruchons à un ou deux anses en terre du pays ; un nombre considérable de statuettes de terre-cuite : déesses mères, Vénus anadyomène ; des animaux : sangliers, chiens, lièvres, coqs, canards et autres oiseaux ; enfin, des lampes. La collection Delaporte est aujourd'hui partiellement conservée aux musées de Caen, de Lille et de Lisieux. Cette grande quantité d'anciens produits céramiques se trouve dans cette couche du sol où le temps, les invasions de barbares et les bouleversements ont englouti les débris des siècles passés. La Normandie renferme de curieux vestiges des anciens arts de terre. La période gallo-romaine revit dans ces fragiles monuments : vases coniques, sphériques, cylindriques ou à panses renflées, assiettes à fond plat, lampes et autres menus objets bien connus des archéologues.

Les trouvailles faites récemment aux abords de la fontaine Saint-Méen, au Pré-d'Auge, prouvent suffisamment qu'il y eut là, à l'époque gallo-romaine, des ateliers céramiques sur lesquels nous ne possédons aucun renseignement. Bien que l'inscription LISOVII, qu'on avait cru pouvoir lire sur un fragment de vase sigillé conservé au musée de Lisieux, doive être révoquée et remplacée par celle de FRONTI..., je reste convaincu que beaucoup de vases en terre dont ce musée possède de nombreux spécimens sont l'œuvre des potiers gallo-romains de Manerbe et du Pré-d'Auge.

J'en reproduis ici quelques types (pl. I), me basant uniquement sur la matière dont ils sont formés, une terre blanche, rouge, sans aucune vitrification.

Ce qui caractérise le progrès de l'art céramique, c'est le vernis, c'est l'émail. La glaçure vitreuse était complètement inconnue à l'origine. La matière reste la même : toujours l'argile, mais elle va se couvrir d'une vitrification transparente, d'un vernis, ou d'une vitrification blanche ou colorée, mais opaque, l'émail ; ou enfin d'un enduit vitrifiable terreux.

L'apparition de la poterie vernissée en Europe date du XIIIe siècle et son invention est attribuée aux Arabes.

Pendant le moyen âge, les fours de Manerbe et du Pré-d'Auge ne cessèrent de produire des carrelages historiés, du « pavé figuré », disent les textes, très employés dans les églises, les châteaux et les manoirs de bourgeois cossus.

La céramique de cette époque ne nous est guère connue que par quelques rares spécimens de poteries conservées au musée du Vieux-Honfleur et deux fragments signalés par Pannier, se rapportant à des pièces de terre grisâtre portant des inscriptions gothiques.

Il convient de ne pas se méprendre sur le sens des mots et d'adopter un mode de classification pour les enduits de toute nature employés sur les poteries. On parle couramment de glaçure, de lustre, de vernis, d'émail et de couverte, sans se rendre compte exactement de leur signification, qui ne se trouve pas toujours être en rapport avec les objets décrits. Le mot glaçure résume, d'une façon générale, toute espèce d'enduit vitrifiable communiquant aux pièces un brillant quelconque et les rendant imperméables aux liquides. Le lustre, c'est la glaçure la plus légère, comme celle qui existe sur la plupart des vases grecs et étrusques, ainsi que sur les poteries romaines. La glaçure vitrifiable à base de plomb, fusible à une température peu élevée, reste le vernis, le plomb étant en quelque sorte le fondant servant à fixer les couleurs. Enfin le mélange au plomb, soit de l'étain soit de toute autre matière rendant ce vernis vitreux opaque, constitue l'émail. Quant au mot couverte, il ne doit s'employer que pour un enduit vitrifiable terreux, se fondant à une haute température égale à celle de la pâte, comme cela a lieu pour les porcelaines dures et quelques grès.

L'argile doit au feu des propriétés nouvelles, plus de consistance et de solidité, mais on n'aurait pu appliquer les poteries mates à beaucoup d'usages. Il fallait trouver le moyen de les rendre imperméables. La poterie reçut alors un enduit dont je viens de parler, mais dont la science moderne n'explique pas très clairement la nature ni le procédé d'application. On constate toutefois que cet enduit primitif valait bien nos glaçures plombeuses.

La manipulation des substances vitrescibles, soit métalliques soit terreuses, aurait dû, ce semble, conduire très vite à l'application de l'émail sur la poterie, puisque l'émail n'est en réalité qu'un verre, tantôt transparent, tantôt opaque, que la fusion permet de répandre en couches minces sur les surfaces. L'archéologie égyptienne nous révèle des poteries couvertes d'un vernis ou d'un émail, et en Europe, nulle trace d'argile vernissée ou émaillée avant le XIe ou le XIIe siècle.

La terre qui servait à fabriquer la poterie du Pré-d'Auge est une argile supérieure à la craie, très onctueuse, quelquefois micacée. Souvent elle se divise en deux parties : l'une supérieure, blanchâtre, grisâtre ou jaunâtre ; l'autre inférieure, verdâtre, un peu sableuse et moins onctueuse que la précédente, dont elle est quelquefois séparée par une couche de sable. Les nuances blanchâtres et verdâtres sont fréquemment marbrées de jaune et de rouge. On trouve presque constamment dans cette argile, principalement dans les parties basses, une multitude de silex pyromaques semblables à ceux qu'on exploite dans le diluvium de la craie pour l'entretien des routes, avec cette différence que leur surface est le plus souvent passée à l'état de cacholong et tend à se décomposer.

L'argile du Pré-d'Auge est plastique, happant à la langue, se laissant polir par le frottement du doigt, se délayant facilement dans l'eau, et répandant par l'insufflation de l'haleine cette odeur particulière à toutes les roches qui contiennent de l'alumine en combinaison avec une certaine quantité d'oxyde de fer. Elle donne, avec l'acide nitrique, une effervescence faible et de peu de durée, due à une petite quantité de calcaire. Elle se ramollit à une haute température et prend une couleur rouge provenant de l'oxyde de fer qu'elle renferme. La grande plasticité de cette argile donne une grande facilité pour la fabrication ; mais, si on l'emploie seule, les pièces éprouvent, par la dessiccation, une déformation considérable ; aussi les potiers avaient-ils soin d'y ajouter une matière dégraissante, un sable siliceux qu'ils trouvaient près de Lisieux.

Aux XVe et XVIe siècles apparaissent les épis de faîtage et les belles suites de Palissy qui marquent l'apogée de l'art de terre dans ce pays.

Préciser exactement l'origine de ces établissements est chose à peu près impossible, aucun document écrit n'étant parvenu jusqu'à nous. La vicomté d'Auge, dont faisaient partie Manerbe et le Pré-d'Auge, fut un domaine engagé ; les archives du Calvados sont presque muettes sur ce point ; l'abbaye du Val-Richer, dont dépendait le Pré-d'Auge, a eu son cartulaire détruit en 1793 et les actes de l'état civil ne remontent qu'à 1628. Ce sont les anciens registres du tabellionnage qui m'ont fourni quelques noms de potiers, encore, le plus souvent, les actes sont muets sur leurs travaux.

Il est possible que des ouvriers italiens soient venus s'installer dans nos contrées à la suite des expéditions par delà les Alpes ; on peut encore admettre que des seigneurs normands aient rapporté de leurs pérégrinations quelques-unes de ces majoliques chatoyantes que les potiers de Manerbe et du Pré-d'Auge ont, à leur tour, imitées et reproduites. Je pencherais plutôt pour la première hypothèse, car l'influence italienne se manifeste, non seulement dans la céramique, mais encore dans le vitrail, surtout au XVIe siècle, témoin quelques bordures sur d'anciens vitraux de l'église de Manerbe.

M. de Mély pense que, vers la fin du XIVe siècle, Jehan de Meulent, un des héritiers des Bacon à la seigneurie du Molay, ayant épousé Marguerite Servain, de Manerbe, trouvant dans les domaines de sa femme une terre propice à la fabrication de la majolique, y amena les ouvriers du Molay qui continuèrent ainsi, à peu de distance de leur ancien pays, la tradition de leurs ancêtres. Ce concours possible des ouvriers du Molay ne fit que renforcer l'industrie céramique existant déjà à Manerbe bien avant cette époque.

La collaboration des potiers du Molay ne se manifeste pas à Manerbe d'une manière très apparente. M. de Farcy, qui a étudié tout spécialement les productions de l'atelier du Molay, les a rangées en trois catégories : les carreaux, les revêtis, les pierres tombales. Or, Manerbe n'a jamais fabriqué de revêtis et de dalles tumulaires. Les carreaux du Molay sont différents des nôtres, ce qui ne serait pas arrivé si, comme le croit M. de Mély, les ouvriers du Molay étaient venus s'installer à Manerbe où ils n'auraient pas manqué d'apporter leurs modèles et leurs procédés de fabrication

La réputation de la céramique lexovienne, pour me servir d'une expression déjà ancienne, est constatée par des textes imprimés dès le début du XVIIe siècle. L'historien normand, Gabriel Dumoulin, qui écrivait dans la région même où se pratiquait cette industrie céramique, pouvait en apprécier la valeur artistique et l'importance commerciale, s'exprime ainsi dans l'Introduction de son *Histoire de Normandie*, publiée en 1631 : « On fait en Normandie des verres de toutes sortes en la forest de Lyons et près de Saint-Lô ; de la poterie en beaucoup de lieux, et à Manerbe, près Lysieux, des vaisselles de terre qui ne cèdent en beauté et artifice à celles qu'on nous apporte de Venise. » La géographie blavienne publiée par Blaeu, en 1663, reproduit à peu près le même témoignage : « La vaisselle de terre de Manerbe près Lysieux, qui se rapporte à celle de Venise pour son artifice et sa beauté. » Enfin, Du Val, *La France sous le Roy Louis XIV :* « A gauche de la Seine, je trouve Lisieux, qui donne son nom au Lieuvin, la plus délicieuse contrée de Normandie et où l'on fait de la vaisselle de terre plus belle qu'ailleurs. »

Le XVIIIe siècle fut une époque de décadence ; les sujets sont beaucoup plus simples, la composition moins savante et l'exécution grossière sans pour cela être dépourvue d'un certain art. Le rôle des vingtièmes de la paroisse du Pré-d'Auge pour l'année 1777 contient à la fin une note curieuse sur l'activité de la commune, qui montre bien qu'à cette époque l'industrie céramique était tombée à un degré d'abaissement qui ne se releva jamais : « Les habitants n'ont d'autres occupations que celles de labourer les terres, d'élever quelques bestiaux et de travailler, la plus grande partie, à faire des pots de terre qui se vendent à Lisieux, Pont-l'Evêque, Honfleur, Le Havre, ainsi qu'aux paroisses voisines. »

En 1879, MM. Tissot et Loutrel essayèrent de reconstituer une manufacture de céramique au Pré-d'Auge ; quelques essais furent faits mais le projet ne tarda pas à être abandonné.

De nos jours encore, on peut dire que toute couche d'argile voit approcher un exploitant et bâtir un four. Les successeurs de Choraebe et de Talus peuplent aujourd'hui l'univers. La diffusion des beaux produits céramiques est un incontestable progrès. Il est manifeste qu'en Europe, en Asie occidentale, en Afrique et dans les deux Amériques, les modernes ont, en ce point, la supériorité sur les anciens. Des meubles de toutes les couleurs, de toutes les nuances, légers, commodes, élégants étalent leur émail dans les plus humbles demeures. Le buffet de l'homme des champs a des ustensiles, des coupes, des vases de terre et des ornements qu'auraient enviés Aristote et Vitellius et qui manquaient aux fameux salons de Lucullus.

II. — Les potiers.

Nous ne possédons aucune pièce de céramique signée avant le XVIIe siècle. Le nombre d'artisans travaillant à Manerbe et au Pré-d'Auge devait être assez élevé puisque, au début du XVIe siècle, on trouve, à Manerbe, la « rue des potiers » et, au Pré-d'Auge, le village de la poterie. Les archives du tabellionnage de Lisieux m'ont permis de retrouver quelques noms d'artisans ainsi qualifiés dans les actes : « du mestier de potier, thuillier, du mestier de thuyllerie ». La plus ancienne famille connue exerçant cette profession est la famille Coquerel, du Pré-d'Auge. En 1361, Robinet Coquerel vend à Robert Delamare son office de potier de l'évêque de Lisieux. Il n'y avait, nous apprend cette vente, qu'un seul potier sujet à fournir la poterie de l'évêque, moyennant quoi il jouissait d'un grand nombre de privilèges, entre autres celui de vendre seul de la poterie dans l'étendue de la ville et banlieue de Lisieux, excepté durant « la foire saint Ursin (11 juin) commençant la vigile de ladite fête à heure de Nones et tout le jour d'icelle à heure du soleil recoussant. »

Un autre texte, du 27 avril 1418, extrait des archives du Calvados, fournit sur cet office d'intéressants détails : « Le potier de la ville et banlieue est tenu trouver pottrye à Monseigneur de Lisieux en son tinel (salle à manger) en la ville et banlieue et pour ce faire, doibt avoir es boys dudit evesque, hors le parc, chascun an, ung hestre à Nouel pour son chauffer. Item, ledit potier se doit comparoir devant ledit evesque en la grant église Saint-Pierre de Lisieux, à la grant messe, à chacune de ses festes, cest assavoir Pasques, Pentecouste, Saint Pierre, saint Paul et Nouel, avec les autres serviteurs dud. évesque, et à chacune d'icelles doibt avoir son digner au tinel dud. evesque ou XII deniers pour led. digner, en cas qu'il ne tienne tinel. Item, led. **potyer** doibt avoir chacun an dudit évesque, le dimence devant karesme prenant, le tiers d'une penne de lait. Item, il doit avoir au tinel, **le** jour Saint Martin d'iver, son digner ou un pot de vin. Item, il doibt moudre franchement es moulins dud. evesque et desguerner tout homme qui serait enguerné, excepté le bled dud. évesque, ses sergens et officiers. Item, il doibt estre franc aux foires et marchés dud. évesque en vendant et achetant. Item, il est paroissien de la grande église Saint-Pierre de Lisieux et, par les vicaires, doibt lui estre administré son sacrement au jour de Pasques et ses enfants baptisés ès fons de ladite église. Item de son mestier, nul ne peut ne ne doibt vendre icelles poteries de terre en nul temps, en la ville ne en banlieue, sinon lui, fors que à la foire sainct Ursin... Item, se ledit potier trouve ung cheval aportant pots de terre pour vendre à lad. ville, il le peut prendre comme forfaict. Item, quant l'évesque vient et il fait sa feste aud. lieu de Lisieux, ledit potier est tenu trouver toute la poterie de terre qui y esconvient et pour ce, doibt digner, lui et ses gens, à lad. feste, et la feste passée, tout le vin qui demeure en pots et panhiers, il le peut prendre et mectre à son proufict. »

En cette même année 1418, Guillaume Coquerel était titulaire de cet office. Un **potier** de cette famille, du nom de Pierre, se rencontre en 1534.

Un groupe d'artisans occupe une place importante dans les annales de la céramique lexovienne : les Bocage, du Pré-d'Auge. La première mention de cette famille remonte à 1499, lors du partage, 6 novembre, des biens de Colin Bocage entre ses deux filles, Guillemette, femme de Jehan Lefranc, et Robine, épouse de Jehan Le Viel, toutes deux demeurant à Lisieux. Ursin figure dans deux actes de 1507 et Pierre est cité plusieurs fois entre les années 1527-1546. En 1527, Colin fournit de la brique émaillée et du pavé figuré pour la maison « de nouveau édifiée » à la fabrique de la cathédrale de Lisieux. Jehan, « thuillier », est mentionné dans six transactions, 1534-1554. Girot, en 1541 et son fils Charles dans six actes, 1554-1556. Thomas, fils Colin, époux de Marguerite Brunet, apparaît en 1545 et, en 1562, vend « ung millier et demy de pavé figuré » pour paver devant le maître-autel de la cathédrale de Lisieux. Guillaume, fils Girot, David, Mathieu et Olivier nous sont révélés par des actes de 1522 à 1559. En 1557, Guillaume, fils Jean, assisté de son fils Jean, fait une fondation pieuse en l'église des dominicains de Lisieux : une messe basse, le mardi de chaque semaine, à huit heures du matin ; il donne à cet effet une somme de cent cinquante livres tournois. Deux partages de biens de membres de cette famille, en 1571 et 1579, font mention de « la maison servant de astellier avec le four » sis au Pré-d'Auge près la route de Caen. En 1576, Jacques, fils Thomas, fournit du pavé figuré pour paver à la cathédrale de Lisieux « près la tombe de mons. de la Houblonnyère ». En 1628, le 24 mars, Robert Bocage s'engage vis-à-vis de Robert Firmat, couvreur à Lisieux, à lui fournir « six milliers de tuiles, cinq milliers de petites briques, deux cents faitiers et ung millier de petits pavés plombez et figurez ». La famille Bocage a travaillé au Pré-d'Auge jusqu'au xviiie siècle.

Une autre famille, plus célèbre que la précédente, celle qui personnifie en quelque sorte l'art de terre dans notre région, est la famille Vattier, dont le premier connu, Robin, apparaît en 1501. Cette famille a donné son nom à un lieu-dit du Pré-d'Auge, le lieu Vattier, figurant encore aujourd'hui au cadastre de cette commune. Jehan, « du mestier de potier », figure dans des actes de 1516 à 1535. Loys, et Gervaise sa femme, de 1528 à 1562. Pierre, fils de Jean et de Jeanne Guéllart, est cité en

1540 ; Thomas et Robin, frères, en 1541 et 1545. Puis ce sont Cardin, 1557 et 1562 ; Michel, 1570 ; Isaac et Lambert, 1570 ; Jacques, 1571 ; Joachim, 1573, et Guillaume, 1575, etc. Les Vattier ont travaillé pendant près de trois siècles, et le plus célèbre, Joachim, auquel on attribue l'invention du pavé faïencé ou pavé de Lisieux, dont je parlerai plus loin, mourut au Pré-d'Auge, le 12 décembre 1709, âgé de 87 ans environ, et fut inhumé dans l'église, à la requête de sa femme et de ses enfants. Mme Caron, à Lisieux, possède dans sa collection une belle fontaine-lavabo datée de 1771 et signée de Jacques Vattier. Dans le rôle des vingtièmes de 1777, on trouve quatorze articles se rapportant aux Vattier. Cette famille, encore représentée aujourd'hui, était alliée aux Bocage, Saffrey, Bunout, Lamorinière, Samaison, Toutain, Lerebour, Grenier et Lefebvre.

La famille Castellain, potiers de Manerbe, n'est représentée que par Pierre, cité dans des actes de 1528 et 1540.

Les Fiquet, qui ont donné leur nom à un hameau de Manerbe, ont exercé de 1524 à la fin du XVIIIe siècle. Le dernier, Guillaume dit Montroussel, fut inhumé le 26 avril 1752.

En 1554, Guillaume Huchon, « thuillier » au Pré-d'Auge, achète une pièce de terre nommée le Bois au potier, tenue de la seigneurie de l'Epée. L'acte porte que cette vente est faite pour que ledit Huchon puisse prendre de la terre à thuille pour l'usage de son mestier de potier, en remplaçant par lui les fossés où ladite terre sera prise. »

La même année, je trouve Robin Moullin, thuillier à Manerbe.

En 1571, Jehan Logres, tuilier de la tuilerie du Val-Richer, s'engage envers Charles Levesque, receveur et fermier de la seigneurie de Manerbe, pour noble homme Joachim Gosselin, seigneur de Martigny et de Manerbe, à fournir des tuiles vernissées vertes et rouges, plus les « festiers et cormiers ».

Les registres du tabellionnage de Lisieux permettent encore de citer : Charles Vitet, potier, de Manerbe, 1556 ; Robert Bence, de Manerbe, époux d'Antoinette Fiquet, 1557 et 1564 ; Jehan Aubert, du Pré-d'Auge, 1571 ; Gilles, Olivier et Raoullin Bosquet, du Pré-d'Auge, 1576-1581 ; Antoine Gosset, du Pré-d'Auge, 1756, et enfin Vincent, dont le nom figure sur une fontaine et un encrier du XVIIIe siècle. C'est peut-être à ce dernier qu'il faut attribuer un plat à barbe en terre rouge et émail jaunâtre, avec fleurettes et dessins blancs, portant les initiales C. D. V. et la date de 1759, plat aujourd'hui conservé dans la collection de M. Ernest Petit, à Lisieux (pl. XVIII).

A ce moment, les registres paroissiaux du Pré-d'Auge fournissent les noms de près de cinquante potiers, mais alors la période artistique est terminée, tous sont de vulgaires ouvriers que remplacèrent bientôt de simples mouleurs de terre.

III. — Les Pavés du Pré=d'Auge.

Bien que Montier prétende ne pas connaître d'éléments de pavages du XIVe siècle, je crois que ce genre de décoration a été utilisé dès le siècle de saint Louis. Les découvertes, faites en 1865, en la cathédrale de Lisieux et, plus récemment, les nombreux fragments recueillis par M. de Moidrey lors des derniers travaux d'agrandissement de la Banque de France, fragments offerts par lui au Musée de Lisieux, autorisent cette assertion.

L'église abbatiale de Saint-Pierre-sur-Dives possède une splendide rosace du XIIIe siècle, bien connue des archéologues. Ce magnifique pavage, décoré de cerfs passants, d'aigles héraldiques, de lions et de chimères alternant avec des fleurs de lis, des fleurons, des feuillages et autres figures de grand style pouvant être rapprochés et comparés aux fragments dont je viens de parler, peut, ce me semble, être revendiqué comme un produit de notre céramique de la vallée d'Auge. Deux couleurs existent seulement dans cette rosace, le jaune et le noir. Les figures sont jaunes sur fond noir ou noires sur fond jaune et leur alternance, habilement combinée, donne à l'ensemble un certain effet décoratif. Classé récemment comme monument historique, ce beau pavement a été enlevé du chœur de l'église abbatiale, où il était condamné à périr sous le frottement des chaussures, et replacé dans la salle capitulaire, entouré d'une balustrade protectrice. C'est le plus beau spécimen connu de cette époque.

Les premiers carreaux sortis des fours de Manerbe et du Pré-d'Auge étaient, non pas émaillés, mais vernissés. Les dessins, faits d'une légère engobe de terre blanche, étaient incrustés dans la terre rouge par sigillation et recouverts d'une couche vitreuse incolore à laquelle certains oxydes métalliques donnaient parfois une couleur verte ou jaune. D'autres fois, le fond est d'un brun manganèse avec le décor en vert brillant. Si le potier voulait se borner à donner à l'engobe une belle couleur paille, il n'ajoutait aucun oxyde métallique au vernis de plomb. Le noir s'obtenait par un mélange de peroxyde de manganèse et d'argile blanche ; le vert était composé de protoxyde de cuivre rouge et de battiture de cuivre jaune mêlée avec de l'alquifoux. C'est surtout la terre rouge avec décors d'engobe blanchâtre, et la terre à fond brun ou bistre avec décors verts qui est employée le plus souvent pour les carreaux de fabrication courante. Le pavé du Pré-d'Auge appartient à la famille des carreaux vernissés dont le vernis laisse apercevoir le ton de la terre cuite. Tous sont symétriques entre eux : une diagonale les partage en deux parties se reproduisant exactement en sens inverse. Le motif décoratif se compose généralement de quatre éléments ou carreaux identiques lesquels, réunis, forment une rosace avec rinceaux et palmettes, ou un motif décoratif dont la fleur de lis forme souvent le principal élément ; c'est précisément cette fleur de lys qui peut servir à dater ces pavés. Les pavés isolés à décor complet sont assez rares.

La décoration de ces carreaux emprunte ses motifs à l'architecture contemporaine. Aux XIIIe et XIVe siècles, ce sont des rosaces et des fleurons, des enroulements de feuilles de trèfle, des animaux héraldiques, des châteaux crénelés. Au siècle suivant, la fleur de lys combinée avec des marguerites et des fleurettes. Vient la Renaissance, alors apparaissent les combinaisons variées de rinceaux et de motifs de ferronnerie. Vers la fin du règne de Louis XIV, l'influence de Le Brun et de Boule est alors manifeste, combinaisons de lignes, de rinceaux de palmettes, de feuilles refendues, de volutes, d'entrelacs et d'enroulements (pl. II-IV).

On rencontre aussi des pavés armoriés, ce qui ne veut pas toujours dire qu'ils ont été fabriqués spécialement pour les familles. En voici un type portant un chevron et trois merlettes (pl. II) dont j'ai trouvé des exemplaires au manoir de Querville (Calvados) et au château de Malouy (Eure).

On a fabriqué au Pré-d'Auge des pavés de bordure ou d'encadrement, on peut en voir quelques types aux musées de Lisieux et de Rouen. L'usage du pavé figuré devint très fréquent à partir du XVIIe siècle ; on en trouve dans presque toutes les maisons de bois de Lisieux et dans les vieux manoirs de la région. Une collection complète de ces petits monuments permet de suivre la marche du goût public à travers les siècles.

IV. — Les pavés de Lisieux.

Vers le milieu du XVIIe siècle, un potier du Pré-d'Auge qui avait travaillé à Rouen, Joachim Vattier, imagina de fabriquer des pavés de faïence à dessins symétriques et revêtus du plus bel émail blanc, bleu, jaune, vert ou brun. On les connaissait sous le nom de « pavés Joachim » ou « pavés de Lisieux ». Leur vogue fut telle que non seulement les châteaux et les manoirs normands, mais encore le Trianon de porcelaine à Versailles, détruit en 1685, furent pavés ou eurent l'intérieur de leurs cheminées revêtus de ces brillants carrelages. De l'examen des *Comptes des Bâtiments du Roi*, publiés par Guiffrey, on peut affirmer que les deux premières fournitures faites dès 1670 par Joachim Vattier, représentent 10.400 pavés employés au Trianon de porcelaine apportant ainsi, dans une notable proportion, l'éclat de leurs émaux à la décoration de ce palais élevé pour les plaisirs ordinaires de la cour.

La première fourniture date de 1670 et la dernière de 1713. A partir de 1692, les pavés de Lisieux sont fournis par Branlard, faïencier à Paris, qui devait les prendre directement chez Joachim Vattier ou ses successeurs. L'usage du pavé faïencé était admis par les architectes en renom. Jules Hardouin Mansard avait continué, à partir de 1706, l'emploi des pavés de Lisieux pour le revêtement des cheminées de Versailles. Dans les comptes précités, les pavés de Joachim Vattier sont appelés « carreaux émaillés, carreaux de faïence, carreaux de Lisieux ».

Un seul de ces pavés subsiste à la bibliothèque de Versailles, il faut chercher les autres soit aux musées de Cluny, de Sèvres ou de Cologne.

Vers 1770, un sieur Dumont établit à Rouen, au faubourg Saint-Sever, une manufacture de pavés de Lisieux qui fonctionna jusqu'à la fin du XVIIIe siècle.

Dans ces pavés, le dessin est tracé en creux sur la terre molle avec une pointe d'acier et la surface de l'émail est limitée et incisée par ce trait. Aucun dessin n'est ombré ou modelé, c'est une mosaïque formée par des émaux juxtaposés, imitant les produits de l'art hispano-mauresque. L'émail en fusion laisse des inégalités, des coulures, des différences d'épaisseur et par conséquent de translucidité qui avivent la vibration des couleurs. Ce qui prouve bien l'influence italienne au Pré-d'Auge, c'est ce procédé de fabrication qui dérive directement des pavés dus à Girolamo Della Robia, provenant du château de Madrid au Bois de Boulogne (1488-1556).

Leur décoration, essentiellement géométrique, les fait facilement reconnaître, les carrés, les losanges, les feuilles d'acanthe se détachent en bleu, en jaune, en vert, en marron sur des fonds blancs. Il est facile de retrouver dans la décoration de ces pavés la même inspiration qui dominait à la même époque dans les rosaces du point coupé d'Alençon. Colbert, qui encouragea les faïenciers de Rouen, a peut être dirigé le goût de Joachim Vattier en lui faisant passer des dessins en même temps que ses commandes pour Versailles. Quelques-uns de ces pavés portent, au-dessous, une croix à quatre feuilles estampée dans la pâte ; c'est la marque que Joachim Vattier semble avoir réservée pour les pavés de choix (pl. V, VI).

Le caractère décoratif de ces pavés s'appliquait surtout aux châteaux et aux demeures de riches bourgeois ; cependant j'en ai constaté l'emploi dans bon nombre d'églises de la banlieue lexovienne, notamment au Pré-d'Auge, aux Monceaux, à La Pommeraye, à Grandouet, à Launay et à Reux. On en rencontre dans la vallée de la Touques, entre Orbec et Honfleur, de Lisieux à Trouville et à Cormeilles et dans les vallées de la Calonne et de la Dive. On les faisait entrer quelquefois dans la décoration extérieure des habitations, entre les colombages, comme à la « maison de faïence » sise sur le bord de la route de Caen, au hameau de la Boquetterie, dépendant du Pré-d'Auge. Cette maison, dépouillée de sa décoration au siècle dernier, en offrait six ou sept variétés de types différents : les uns étaient à palmes, les autres représentaient des fleurs avec une large bordure chinée bleu et blanc. Tous provenaient d'un ancien four voisin, qui ne s'est éteint que vers la fin du règne de Louis XV.

Les pavés du Pré-d'Auge et de Lisieux ont trouvé place dans de nombreuses collections céramiques. Des archéoloques et des artistes s'en sont occupés et, en particulier, M. Gaston Piquot, sculpteur à Lisieux, en a reproduit à l'aquarelle un assez grand nombre. Grâce à son amabilité, il m'a été possible de placer dans ce livre quelques spécimens de ses dessins aquarellés et je tiens à l'en remercier ici. Ces petits monuments se prêtent à des arrangements décoratifs dont j'emprunte un exemple au Musée du vieux Honfleur (pl. VII). M. Léon Le Clerc, conservateur et organisateur de ce très intéressant musée, a bien voulu mettre à ma disposition quelques pièces de sa riche collection, je l'en remercie également.

V. — Les épis de faîtage.

La fabrication des épis de faîtage prit, à Manerbe et au Pré-d'Auge, à la fin du xve siècle et aux deux siècles suivants, une importance capitale. Ils se répandirent très vite dans toute la vallée d'Auge, les plateaux du Lieuvin et du pays d'Ouche. Couronnant d'ordinaire les colombiers seigneuriaux, la crête des toits, les pignons des châteaux et des manoirs, ils témoignent, par leur élégance, le bon goût et l'aisance des habitants.

Deux appellations peuvent convenir à cette décoration : étocs ou poinçons et épis proprement dits. Les premiers, les plus anciens, étaient uniquement recouverts d'un vernis de plomb et très simples à leur origine ; puis ils s'allongent et se décomposent en plusieurs éléments superposés, ornés d'anses et de fleurons ou d'oiseaux pour arriver enfin à l'épi.

Les plus anciens me paraissent être ceux du château de Belleau, que M. de Mély fait remonter à 1450. Deux pièces du musée de Louviers, celui du manoir de la Salamandre à Lisieux, ceux des églises de Saint-Julien-sur-Calonne et de Saint-Victor-de-Chrétienville, appartiennent à cette catégorie.

L'épi, au contraire, émaillé, se compose de trois parties distinctes dont l'ensemble est relié par une tige de fer, constitue un petit édicule pyramidal : la base ou tuile faîtière ; le motif central, coupe godronnée ou vase avec couronne de fleurs et de fruits sortant du goulot de ces vaisseaux et le couronnement formé, soit par un oiseau, un croissant, un personnage, un animal héraldique ou symbolique. La base affecte une forme spéciale suivant la place que l'épi doit occuper sur la toiture. Elle est ornée de consoles, quelquefois gravées de traits en creux, décorées de feuillages et de têtes émergeant d'une large collerette plissée. Au début de la fabrication, ces têtes sont disproportionnées, mais elles s'amoindrissent et s'affinent en approchant du XVIIe siècle. Le motif central, dans ses débuts, consistait en une coupe basse, souvent garnie sur son pourtour de godrons jaunes et couronnée à sa partie supérieure de petits masques de femme analogues à ceux de la base. De cette coupe s'élançaient de longues tiges recourbées terminées par des fleurs de lis aux blancs pétales ou des artichauts émaillés vert foncé. Bientôt apparaît, au-dessus de cette coupe, un vase en forme d'urne un peu déprimée, à col court, décorée de grosses têtes de satyres ou de vieillards barbus soutenant des draperies tombant le long des flancs du vase, presque toujours ovoïde, émaillé bleu lapis ou vert clair, généralement couvert de petites bossettes déchiquetées à l'ébauchoir, forme la partie principale de l'épi à partir des dernières années du XVIe siècle. La panse fut alors décorée de têtes de chérubins ou de femmes reliées par des courtes draperies frangées. Les anses sont formées, tantôt de crossettes de feuillage, tantôt de têtes de coqs et de dogues; quelquefois même, ces anses font défaut. Enfin, comme couronnement, sortaient du vase, des mascarons séparés par des coquilles Saint-Jacques. Au XVIIe siècle, ce sont, non plus des masques de mignons à la barbe pointue, mais des fleurs de lis, des fruits du pays : pommes, poires, petits melons de Lisieux, pommes de pin, le tout émaillé au naturel. Quelquefois même, le vase du milieu présente une double courbure, convexe et concave, d'autres affectent la forme d'une poire renversée.

La partie de l'épi supportant le vase central a subi également, au cours de la fabrication, une très intéressante transformation. Le piédestal sur lequel repose la coupe godronnée est d'abord carré puis, quand cette coupe a disparu, remplacée par le vase central, on voit d'abord un court cylindre à surface unie apparaître comme soutien du gros vase ; puis ce cylindre s'allonge peu à peu, se garnit d'anses et de fleurons, devient une véritable colonne unie. A partir de ce moment cette colonne, devenue un des éléments les plus considérables de l'ensemble, est invariablement émaillée de points bleu d'azur reliés par des stries violettes perpendiculaires, non fondues dans l'émail blanc du fond.

Le couronnement de l'épi est formé le plus souvent par un oiseau dressé sur ses pattes, pigeon ou crécerelle, s'appuyant sur une sphère vermiculée de couleur pourpre foncé ou jaune foncé ; quelquefois par un pélican s'ouvrant le flanc pour donner la pâture à sa nichée, rappelant le symbole eucharistique chanté par l'hymne :

Pie pellicane, Jesu Domine,
Me immundum munda tuo sanguine.

quelquefois par un homme sauvage, une salamandre, une sirène
ou un triton. Les couleurs employées pour les vases étaient : le
bleu azur profond, le bleu lapis, le vert clair ou une teinte rose
violet pâle, obtenue sur un guillochage de la pâte par des touches
roses, bleues et jaunâtres, sur un fond vieil ivoire bien connu
des faïences d'Oiron ou de Saint-Porchaire.

Le fût ou balustre, originairement jaune paille, devint, par
la suite, vert, rouge ou marron. Les fleurs de lis de la couronne
sont toujours d'un blanc éclatant ; les feuillages, les fruits au
naturel. Les oiseaux du couronnement, crécerelles ou tiercelets,
pélicans ou pigeons, sont généralement blancs mouchetés de
violet clair ou même de vert (pl. VIII-X).

L'épi des environs de Lisieux, finement modelé par des artistes
au courant des ressources de l'art italien du xvie siècle est aussi
éloigné de l'épi de Malicorne ou de Châtel-la-lune que l'assiette
de terre des villageois peut l'être des plats à décor rayonnant
de la faïence de Rouen.

La fabrication si artistique des épis diminua sensiblement
d'importance à la fin du xviiie siècle par suite du changement
de goût dans les constructions. On a voulu faire coïncider leur
disparition avec la révocation de l'édit de Nantes en 1685 ; les
raisons qui ont tué l'industrie des émailleurs de terre sont plutôt
d'ordre économique que politique. La mode prévalut et les
épis de plomb reprirent leur faveur, détrônant l'épi faïencé
dont la vogue cessa tout à fait avec la fin du règne de Louis XV.
Bientôt même ils furent complètement abandonnés.

Très recherchés de nos jours par les collectionneurs, ils
deviennent de plus en plus rares sur les constructions dont ils
faisaient cependant l'ornement.

Parmi les rares épis encore en place, je citerai ceux d'un manoir, place de la Halle au beurre, à Lisieux, dont la Commission des Monuments historiques possède, dans ses archives, un bel essai de reconstitution à l'aquarelle ; celui, très détérioré du manoir de la Salamandre, dans la même ville ; un fragment, sur une maison de ferme appartenant à la famille Vattier, à Saint-Pierre-des-Ifs et deux autres sur les pavillons du château d'Hermival.

C'est maintenant dans les musées et les collections privées que sont conservés les anciens épis, devenus aujourd'hui des bibelots de pure curiosité. Le musée de Sèvres en possède deux, un du XVIᵉ siècle et un autre de l'apogée de la fabrication du XVIIᵉ ; à Cluny, un très beau de la première époque ; deux à Rouen, un au musée céramique, l'autre au musée d'antiquités ; un très beau du XVIIᵉ siècle, au musée de Louviers ; deux provenant de la vente Ridel, de Vimoutiers, au musée du Vieux-Honfleur (pl. VIII), et d'autres, moins importants, aux musées de Lille, de Limoges et de Lyon.

Les collections particulières en fourniraient un plus grand nombre, mais ils sont moins connus. Je citerai pourtant celui de la Collection Dutuit, au Petit-Palais, tenant le milieu entre les deux types de Sèvres ; deux, de la seconde moitié du XVIᵉ siècle, provenant du château de Barville, chez Mᵐᵉ Lerenard-Lavallée à Bernay (pl. IX) ; un autre au château de Livet-sur-Authou, provenant de l'ancienne collection Loisel, à la Rivière-Thibouville (Eure), appartenant à la longue période durant laquelle les potiers du Pré-d'Auge ignoraient la décoration empruntée à la flore normande ; un autre, du XVIᵉ siècle, provenant du manoir de Querville, chez Mᵐᵉ Caron, à Lisieux (pl. VIII) ; un autre, intact, découvert en 1863 par Charles Texier, membre de l'Institut, conservé dans le salon du prince Handjéri, à

Manerbe (pl. IX) ; deux autres, du xvie siècle, au château de Combray, près Lisieux ; deux autres, de la même époque, provenant du manoir de la Vigagnerie à Pontfol, aujourd'hui à l'hostellerie de Guillaume-le-Conquérant, à Dives, et celui du château d'Ouilly-le-Vicomte, portant, comme couronnement, un croissant (pl. VIII). J'ai recueilli, au musée de Lisieux, quelques fragments d'un très bel épi, trouvés en 1870 dans les greniers du château de Manerbe. Il y a principalement une tête d'ange entourée d'une collerette, une pomme, des fragments de moulures et corniches avec denticules, provenant d'un piédestal quadrangulaire et un morceau de col de vase émaillé vert ; ces morceaux sont d'un fini remarquable.

M. de Mély en possède un dans son château de Mesnil-Germain (pl. X) composé de quatre pièces offrant le plus grand intérêt. La terre dont sont faites les différentes pièces n'est pas la même et leur aspect est si différent qu'il semble qu'on nous ait conservé cet épi pour nous faire remarquer les progrès de la fabrique du xve au xvie siècle. Il est bien curieux d'étudier ici l'union du sentiment italien et du goût français : à côté du vase où le goût français se manifeste dans toute sa pureté, les pièces qui le supportent et le couronnent se ressentent étonnamment des Della Robia. Ces fines têtes d'anges aux ailes à peine déployées, alternent, dans le couronnement avec des feuillages et des fruits italiens. Il y a là un mélange de vernis et d'émaux très intéressant qui caractérise l'époque de transition. L'embase et le couronnement sont en terre rouge, les têtes d'anges ont leur collerette allongée. Si ces pièces ne sont couvertes que d'un émail encore imparfait, si surtout l'émail stannifère blanc est impur, on voit s'étaler sur la panse du vase toutes les splendeurs de la palette de l'artiste émailleur. La terre ici est blanche et sonore ; les draperies partant de la tête des chérubins à collerette lancéolée, se détachent largement en blanc sur un fond bleu vermicellé, admirablement glacé. Les anses , élégantes et fines, se terminent par des têtes de lions très habilement sculptées.

L'épi de faîtage semble être, de nos jours, rentré en faveur auprès des architectes revenus à la tradition ancestrale. Les villas et les cottages des plages normandes ont souvent leurs toitures couvertes, en tuiles vernissées, surmontées d'épis modernes, copiés sur les anciens et fabriqués dans les tuileries de Bavent et de Caen. Ces pièces, d'une exécution remarquable, sont une heureuse tentative, et le succès qu'elles ont obtenu dans nos expositions régionales, justifie la faveur dont ces charmantes compositions décoratives ont joui pendant toute la Renaissance et durant le grand siècle de Louis XIV. Ainsi revit la race des grands potiers de chez nous, se continue leur œuvre suivant la même inspiration et les mêmes procédés, ressuscite et resplendit leur joie créatrice dans l'élancement de ces gerbes de fleurs et d'animaux, offertes comme un hommage vers notre doux ciel normand.

VI. — Les suites de Palissy.

L'apparition de la poterie vernissée en Europe, dont on attribue l'invention aux Arabes, date du XIIIᵉ siècle. L'Italie et l'Espagne avaient, les premières, profité de la découverte ; mais soit qu'on se fût borné à employer l'émail à de grandes décorations et à l'embellissement de meubles précieux, soit que les encouragements eussent manqué aux artistes de l'Italie, les ouvrages de faïence furent en quelque sorte abandonnés et l'art en fut oublié pendant près d'un siècle. Vers la fin du XVᵉ siècle ou au commencement du XVIᵉ, nous voyons la poterie émaillée reparaître à la fois en France, en Italie et en Espagne.

En France, l'émail de la faïence fut découvert par Bernard Palissy, au prix de pénibles et durs travaux. Ses faïences, ses « rustiques figulines » ne furent guère que des objets d'art ; mais ses procédés, dont il retint d'abord soigneusement le secret, ne tardèrent pas à être divulgués. Ses fils ou ses frères étendirent beaucoup la fabrication.

Sans vouloir toucher à la grande place que Palissy occupe à si bon droit, sans chercher à lui enlever aucun mérite, il nous faut cependant reconnaître que, longtemps avant lui, des ouvriers normands se servaient d'abord de vernis plombifères pour décorer d'arabesques le carrelage des abbayes, pour illustrer de personnages élégants, d'animaux, de chasses, d'armoiries les salles des chapitres dès la fin du XIIIᵉ siècle ; puis, plus tard, au XVᵉ, de véritables émaux stannifères pour rehausser de leur éclat les épis que nous venons d'étudier.

Au milieu du XVIᵉ siècle, quand les échos des succès de Palissy arrivèrent jusqu'aux ateliers de Manerbe et du Pré-d'Auge, nous en voyons sortir des œuvres inspirées du maître, surmoulées même. Alors l'histoire de la céramique ne remontant pas plus loin, classe sous le nom de « suite de Palissy » toute une série de pièces dont l'origine ne la préoccupe pas, mais qu'elle croit devoir rattacher indirectement à l'œuvre de l'artiste saintongeois. Pourtant, leur faire naïf, leurs émaux moins fins, leur origine surtout en font une école bien à part.

C'est alors que sortent des ateliers de Manerbe et du Pré-d'Auge ces poteries à glaçures jaspées, hanaps à reliefs, plats à bordures ornementales et surtout ces plats où, sur un sol rugueux jonché de coquilles, courent des lézards et des salamandres, sautillent les grenouilles et les raines, rampent ou dorment les serpents, ou bien encore nagent, dans un filet d'eau, des anguilles flexueuses, des brochets au museau pointu, des truites aux écailles tachetées et mille autres poissons de nos eaux douces. Ce sont là, en effet, les « rustiques figulines » dont on peut chercher l'origine dans un ouvrage célèbre qui eut, du temps même de Palissy, un retentissement général : *Le songe de Polyphile.* Ces plats décoratifs y sont pour ainsi dire décrits par avance : « L'eau estoit si nette et si claire que, en regardant dedans icelle, vous eussiez jugé ces poissons se mouvoir et frayer tout au long des sièges où ils estoient pourtraicts au vif, scavoir est : carpes, brochets, anguilles, tanches, lamproies, aloses, perches, turbotz, solles, raies, truictes, saulmonts, muges, plyes, escrevisses et infinitz autres, qui sembloient remuer au mouvement de l'eau, tant approchoit l'œuvre de la nature. »

Et près d'eux, une flore rustique : la fougère, le fraisier, l'arbousier, la ronce, le lierre, la pimprenelle, le faux capillaire, un brin de sauge, une branche de chêne, des feuilles de mûrier et d'olivier. Les cadres de cet adorable bestiaire varient à l'infini : ce sont des plats grands ou petits, aplatis ou creux, ovales ou ronds, des corbeilles polygones, des salières, des saucières, des flambeaux, des écritoires, des brocs rustiques, des aiguières, des socles en trépied ou en appliques, des médaillons décorés de sujets mythologiques ou religieux.

C'est surtout à Manerbe et au Pré-d'Auge que les faïences à reliefs atteignirent une perfection voisine des œuvres de Palissy, à tel point que bon nombre de pièces sorties de nos ateliers ont été vendues par des antiquaires comme de véritables « rustiques figulines ». On connaît la technique de Palissy, on sait au prix de quel labeur il réalisait ses merveilleuses compositions. Palissy était un émailleur et non un sculpteur. Il produisit relativement peu et le nombre des pièces qu'on lui attribue est considérable. Les artisans de Manerbe et du Pré-d'Auge, capables de modeler les beaux épis que nous connaissons, ne devaient pas éprouver de grandes difficultés à exécuter et à imiter les plats à reliefs communément attribués à Palissy. Le surmoulage était facile, toute la différence est dans les émaux. En effet, ce qui distingue au premier coup d'œil les ouvrages du Pré-d'Auge de ceux de Palissy, c'est que les émaux sont plus froids et posés avec sécheresse; partout où l'on rencontre du jaspé, les taches en sont petites, arrêtées, non parfondues. A part cela, on peut aisément s'y méprendre et la confusion peut être excusée. Il faut en effet une grande prudence et un rare discernement pour distinguer une pièce de Palissy authentique d'une pièce apocryphe et pour l'attribuer à telle ou telle période de son talent. Après la mort du maître, ses collaborateurs continuèrent à se servir de ses procédés et de ses moules. De là vient qu'on lui a attribué fort souvent des ouvrages indignes de son talent.

Un historien de Palissy, Ernest Dupuy, semble vouloir nier l'influence du célèbre potier sur les autres productions similaires : « Pas plus que les poteries d'Avon, les émaux de Normandie, écrit-il, ne peuvent être indiqués comme une continuation de l'art de Palissy. Les belles œuvres d'ornementation de Manerbe, de Pré-d'Auge, tout aussi bien que les faïences d'Oiron ou de Saint-Porchaire et les autres produits céramiques de la Renaissance, sont nés à la même heure que les rustiques figulines ; il n'y a eu d'aucun côté ni influence ni imitation. » On ne saurait être aussi affirmatif surtout quand on connaît la céramique du Pays-d'Auge où l'influence de Palissy est nettement caractéristique.

Parmi ces productions, je citerai en première ligne un fort beau plat que j'ai vu à Lisieux, chez M. le docteur Colombe (pl. XI). L'ensemble s'enlève sur un fond bleu à fins grènetis blancs. Le vert des feuillages, le gris bleu du serpent sont d'une couleur plutôt sombre, c'est d'ailleurs ce qui caractérise l'ensemble de cette pièce hors ligne. On peut mettre en parallèle deux autres plats plus petits faisant partie de la collection Assegond au musée de Bernay (pl. XVI, XVIII). Cette importante collection contient d'ailleurs des pièces remarquables dont quelques-unes sont reproduites ici (Pl. XVI, XVII, XVIII, XXI, XXII, XXIII).

M. de Mély a signalé un drageoir composé de trois lits de feuilles superposées, reproduisant, à une plus petite échelle, une pièce du musée de Cluny. Son exécution est tellement grossière qu'on ne peut la considérer que comme un essai en une pièce détériorée par la cuisson.

Dans les catalogues d'expositions rétrospectives organisées à Falaise en 1864 et à Lisieux en 1870, on trouve l'indication d'un certain nombre de plats à reliefs, dont il est difficile aujourd'hui de retrouver la trace. Il en est de même des nombreuses pièces signalées à la même époque par Arthème Pannier, notamment le plat qu'il dit avoir vu à la Pommeraye, près Lisieux, d'une exécution tellement soignée qu'on aurait pu très bien le prendre pour un vrai Palissy. Ce plat, dont l'émail était parfaitement conservé, représentait Vénus sortant du bain. La déesse, étendue dans une sorte de baignoire nattée garnie de feuilles de vigne, était entourée d'Amours. L'un d'eux lui présentait une coupe contenant une liqueur bienfaisante ; d'autres lui offraient des raisins. Une ceinture de marguerites entourait ce plat dont les bords étaient festonnés. Les notes de cet archéologue, conservées aux archives de la Société historique de Lisieux, m'ont permis de relever l'indication d'un certain nombre de belles pièces, notamment un autre plat représentant l'enfance de Bacchus. On y voyait un groupe de sept enfants montés sur un lion, l'un tenant une coupe pour recevoir le vin qu'un autre lui versait, un troisième renversait d'un coup de pied une amphore contenant de l'eau, un autre enfin tenant des raisins. Un autre plat semblable avait été trouvé à Courtonne-la-Meurdrac. Ces descriptions ne nous font que trop regretter la disparition de ces belles productions de notre art local.

C'est encore à la même fabrique qu'il faut attribuer le plat bien connu de Henri IV et de sa famille (pl. XII) d'après la gravure de Léonard Gauthier, pouvant être daté de 1603 au plus et dont les produits contrefaits ont peine à se reconnaître des échantillons authentiques. Là, par exemple, le désir de copier le maître est évident ; les procédés se sont améliorés, les émaux sont bien glacés et le revers, pour la première fois, imite bien ceux de Palissy.

On sait que Palissy exécuta aussi des grottes émaillées pour orner les jardins d'Ecouen, des Tuileries et du château de Reux près Pont-l'Evêque, ces grottes où « la vigne emplissait la concavité de la voulte par beaux entrelactz et entortillementz de ses branches, feuilles et raisins... et des oiseaulx voletant à l'entour avec des lézards et couleuvres moulés sur le naturel. » L'inventeur des « rustiques figulines » a plus d'un rapport avec le potier dont parle Varron et qui était parvenu à façonner des raisins, des fruits, des animaux, des poissons avec une perfection telle qu'on ne pouvait distinguer les œuvres de l'art des productions de la nature : *factas uvas et pisces ità non possit aspectu discernere a veris.*

Les potiers du Pré-d'Auge, à l'instar du maître, avaient orné de statues et autres décorations, le pavillon central et les jardins du château des Loges, résidence d'été des anciens évêques de Lisieux. Malheureusement, il ne subsiste plus rien aujourd'hui de ces productions d'un art si intéressant.

L'église du Pré-d'Auge avait un de ses autels exécuté par les potiers du XVIIe siècle. Pannier en avait retrouvé les fragments dans le clocher de l'église et M. de Mély en avait fait un croquis. Le fond de l'autel était formé de pavés vermiculés à émail multicolore encadrés par de jolies moulures formées d'un tore et d'un listel. Le devant du tombeau était décoré de trois médaillons, dont deux seulement existaient encore. Les brocanteurs de Lisieux ont, vers 1880, dispersé ces curieux restes.

J'ai reproduit un vase à émail vert, à cause de l'élégance de sa forme se rapprochant des pièces d'orfèvrerie de cette époque ; de même ce charmant biberon émaillé avec cercles jaunes et décor bleu et vert, l'anse en torsade est surmonté d'une petite fleur (pl. XIX, XX).

On rencontre encore quelques drageoirs en terre émaillée avec décors rayonnants, bordure festonnée ou ornée de marguerites (pl. XIV). Quelquefois, le fond est brun avec reliefs bleus et jaunes verts, gris ou ocres. C'est à la troisième période des œuvres de Palissy qu'appartiennent ces plats, ces assiettes et ces corbeilles si délicatement découpées à jour (pl. XV), dont les bords empruntant à l'ornementation de l'époque ses motifs les plus élégants et les plus variés, sont souvent coupés par des cavités destinées à recevoir les épices que l'on joignait alors à la nourriture (pl. XVII) ; les vases d'apparat, les aiguières imitées des étains de Brion et quelquefois moulées sur les originaux, les salières ornées de masques grimaçants, les flambeaux et tant d'autres pièces où l'influence de Palissy est visiblement manifeste. Le charmant plat à mascarons du musée de Bernay (pl. XVII) peut être compris parmi les productions de cette époque à laquelle on peut rattacher d'autres plats à personnages, tels que ceux représentant la *Belle Jardinière* et le *Sacrifice d'Abraham* (pl. XVI). Ces derniers sont, en général, inférieurs aux autres productions ; leurs émaux sont plus pauvres, moins brillants et souvent d'un taux faux. Ce sont, le plus souvent, des surmoulages d'œuvres connues de Barthélemy

Prieur, de François Briot, ou des compositions du Rosso, du Primatice, de Léonard Gauthier, de Virgilius Solis et d'autres, car il est prouvé que Palissy, très habile mouleur, arrangeur ingénieux, n'était pas un sculpteur et surtout un sculpteur capable de produire des œuvres aussi fines, aussi délicates et aussi complètes que celles qui ornent le fond de ses plats.

On a fabriqué aussi au Pré-d'Auge de petites plaquettes décoratives ovales ou rectangulaires, très bien modelées et sobrement émaillées. La *Présentation de la Vierge au Temple* est d'un beau ton d'ivoire avec rehauts de bleu, vert et ocre, dos marbré jaune, noir et bleu (pl. XXI). L'autre se détache en noir sur fond vert avec bordure à décor bleu (pl. XX). Le musée de Bernay possède une plaquette elliptique, non émaillée, représentant le *Baptême du Christ dans le Jourdain* (pl. XXI). Cette pièce, d'une exécution remarquable, témoigne de la science du modelé et du degré de perfection auquel étaient parvenus nos potiers du pays d'Auge.

Parmi les suites de Palissy, je citerai la curieuse jardinière, large de 45 cent., haute de 18, que j'ai trouvée à Lisieux. Elle est de forme rectangulaire sur un socle arqué en face et flanquée de deux petites grottes décorées de feuilles de chêne, de glands et de coquillages, sous lesquelles sont une écrevisse et une tortue. La jardinière est en crépi brun, jaune et vert, sur lequel des coléoptères et des coquillages de mer. Aux quatre angles, des bouquets de fleurettes vertes, ocres et brunes et une bordure de feuilles vertes et fleurons alternés. Au milieu de la face principale, dans une branche de chêne, un nid contenant trois œufs, autour duquel s'enroule un serpent. Dans le bas, une rainette verte et un lézard brun. L'émail de la partie arquée simule l'eau d'un aquarium, dans lequel est une truite, des cailloux d'eau et des coquillages. Une bordure de feuilles de chêne et de glands alternés complète la décoration où le brun, le jaune et le vert dominent (pl. XIII).

Parmi les autres bibelots en terre fabriqués au Pré-d'Auge, je citerai une petite commode, haute de 20 cent., à quatre tiroirs mobiles, deux petits et deux grands. Elle est émaillée en vert, jaune et brun, des guirlandes en relief ornent les tiroirs et les côtés sont décorés de simples méplats (pl. XXVIII).

Voici encore deux rarissimes flambeaux à émail brun, d'un beau travail et d'une riche décoration ; leur exécution témoigne de beaucoup d'habileté et de goût (pl. XIX). Ce plat décoratif, très sobrement rehaussé, offre cette particularité de nous fournir un rare exemple de l'emploi d'un poisson, peu mis à contribution par les potiers : le carrelet (pl. XXIV). Enfin un charmant réchaud à émail noir (p. XXIV) et quelques autres petits vases caractéristiques de la collection Assegond au musée de Bernay (pl. XXII et XXIII).

VII. — Les statues.

A partir du XVIIe siècle, les potiers de Manerbe et du Pré-d'Auge modelèrent, pour les églises de la région, des statues en terre qui ne sont pas dépourvues d'une certaine valeur artistique. Beaucoup ont été détruites, mais il en subsiste encore assez pour nous permettre de signaler cette statuaire à peu près négligée jusqu'ici.

La pièce la plus connue est le grand Christ de l'église du Pré-d'Auge, attribué à Joachim Vattier. Malgré sa raideur, ce morceau dénote certaines qualités et témoigne d'un souci de vérité caractérisant un artiste consommé dans l'art du modelage (pl. XXV). Le saint Sébastien, mutilé, de l'église de Grandouet, est une œuvre de tout premier ordre. L'artiste anonyme auquel nous en sommes redevables était un véritable sculpteur, connaissant admirablement l'anatomie du corps humain qu'il a modelé dans la perfection. La tête est fort belle, très expressive du calme et de la sérénité du martyr chrétien en face de la mort (pl. XXVI). Dans la même église se trouvent un saint Martin en costume épiscopal, très minutieux de détails, et une Vierge, d'un caractère plus rustique, œuvre d'un artisan beaucoup moins habile que l'auteur du saint Sébastien (pl. XXVII).

La proximité de l'abbaye du Val-Richer n'a peut-être pas été étrangère à cette nouvelle branche de l'activité de nos potiers. Il est très probable que les religieux cisterciens de ce monastère, mirent à contribution le talent de nos artisans de terre, et leur inspirèrent l'idée d'appliquer à la statuaire, la matière plastique qu'ils avaient en abondance, au lieu de la pierre, à peu près inconnue dans la région.

L'église de Saint-Ouen-le-Pin a recueilli, de l'ancienne abbatiale du Val-Richer, aujourd'hui détruite, un curieux groupe, grandeur nature, représentant sainte Anne apprenant à lire à la sainte Vierge (pl. XXVII). Il est assez difficile d'attribuer à ce groupe une filiation avec les autres œuvres connues; toutefois, je crois qu'il n'est pas téméraire de la rapprocher de la Vierge de Grandouet, avec laquelle elle a beaucoup de rapport.

Sur le chemin gaulois de Bonnebosq à Lisieux, près le lieu Boessay, j'ai vu une autre Vierge en poterie émaillée de la fabrique de Manerbe ; bien que maladroitement réparée et odieusement badigeonnée, elle date de la bonne époque et procède directement de la même école que les statues précédemment citées.

A part quelques exceptions, il faut bien reconnaître que la statuaire du pays d'Auge reste en arrière de la céramique et des compositions décoratives procédant directement de l'art de Palissy. Elle est plus naïve, plus rustique, plus impersonnelle et pourrait être apparentée aux productions de nos obscurs tailleurs d'images dont les œuvres sont encore nombreuses dans les églises rurales de la région.

Peut-être retrouverait-on, dans les comptes des fabriques et des charités, des mentions relatives à ces statues, pouvant nous révéler quelques noms de potiers. A défaut de noms, nous avons des œuvres, dont le caractère ne dénote pas toujours une grande inspiration, mais dont l'exécution affirme la maîtrise et la parfaite connaissance de la technique de l'art de terre dans le Pays d'Auge.

VIII. — La décadence.

Au milieu du XVIIIe siècle, les ateliers de Manerbe et du Pré-d'Auge étaient en pleine décadence et il semble bien que les artistes, auxquels nous sommes redevables des épis, des suites de Palissy et des statues, aient cessé tout travail. Quelques pièces de 1750 ont un caractère archaïque et grossier, laissant plutôt supposer une industrie à son berceau qu'à son déclin. La décadence fut rapide et bientôt l'art de terre fit place dans ce pays à une industrie, dont les productions, tout à fait communes, ne méritent qu'une simple mention.

Il faut sans doute attribuer au changement survenu dans l'architecture, dans le cours du XVIIe siècle, la disparition des céramistes à Manerbe et au Pré-d'Auge. Ne trouvant plus l'occasion de placer leurs productions, ils abandonnèrent leur profession ou émigrèrent. Toujours est-il que, brusquement, cet art de terre qui avait brillé d'un si vif éclat durant près de deux siècles, tomba à un tel degré d'abaissement que ses produits devinrent grossiers et communs.

C'est alors qu'apparaissent ces nombreuses fontaines-lavabos, offrant une glaçure ou vernis de plomb, généralement vert, procédé connu des potiers gallo-romains ; des plats, rarement décorés, quelques-uns cependant faïencés comme les pavés Joachim, ornés de fleurettes grossièrement dessinées, des poissonnières et terrines à pâté à émail tantôt vert, tantôt brun, quelquefois jaune avec ornements en relief rouges, témoin la belle terrine que possède le musée du Vieux-Honfleur, sur laquelle se lit l'inscription suivante : A. M. Le Bay de Bully Ep P. Caulle 1768 (pl. XXIX).

C'est à cette période qu'appartient le curieux petit moule crucifère à émail vert, destiné à la fabrication de ces fromages au lait, si recherchés alors dans le pays d'Auge. Les petits médaillons à emblèmes religieux dont il est orné permettent de supposer qu'il a appartenu à un établissement monastique de la région, probablement l'abbaye du Val-Richer (pl. XXVIII).

M. Ernest Petit, conseiller municipal de Lisieux, a recueilli un assez grand nombre d'objets de la dernière époque de la fabrication au Pré-d'Auge (pl. XXX-XXXII). A part deux pièces datées du XVIIIe siècle : un plat à barbe de 1759, cité plus haut (pl. XVIII), et une terrine à pâté, émail brun marbré avec, sur le couvercle, l'inscription suivante : Au prédauge pautier (sic) 1786 Jacques baucage (pl. XXXII), les divers spécimens de sa collection ne sont que des objets usuels de la décadence. Elle a au moins le mérite de former un tout intéressant, très difficile à se procurer aujourd'hui.

On rencontre encore quelques soupières en terre émaillée jaune, avec mouchetures brunes ou vertes ; le dessus du couvercle est plus ou moins orné, quelquefois un nid ou de petits animaux.

Les registres paroissiaux de Manerbe et du Pré-d'Auge, au début du siècle dernier, nous offrent bien des noms de potiers, mais ce sont de simples artisans, façonnant uniquement de la vaisselle commune, de la poterie rustique et autres ustensiles : assiettes, bassinoires, braisières, fers à repasser, réchauds, bouteilles, brocs, cruches à cidre, gourdes, chandeliers, encriers, huiliers, passoires, lanternes, pots à lait et pots à fleurs que les brocanteurs de la région recueillent et vendent aux touristes des prix exagérés (pl. XXIX-XXXII). Toute cette « terraille » de forme grossière, dénuée de tout cachet artistique, à peine recouverte d'une glaçure verte, n'a d'autre valeur documentaire que de marquer une étape et une évolution rétrograde d'un art aujourd'hui bien déchu et abandonné.

L'histoire de la céramique normande, éclipsée par la gloire de Rouen, mériterait une étude plus approfondie. Il serait intéressant de rechercher pour le Molay, Noron, Armentières, Châtel-la-Lune, Infreville, Verneuil, la part revenant à ces ateliers, l'influence qu'ils ont exercée ou subie, la place qu'ils doivent occuper dans l'histoire de l'art de terre en Normandie. De timides essais ont été tentés, mais le grand travail de coordination reste encore à faire.

Manerbe et le Pré-d'Auge exercèrent une suprématie incontestée par l'importance et la valeur artistique des pièces sorties de leurs fours, surtout à l'époque de la Renaissance, époque la plus brillante et la plus caractéristique, qui assigne à la céramique bas-normande une filiation directe avec les plus belles œuvres de Palissy et de son école.

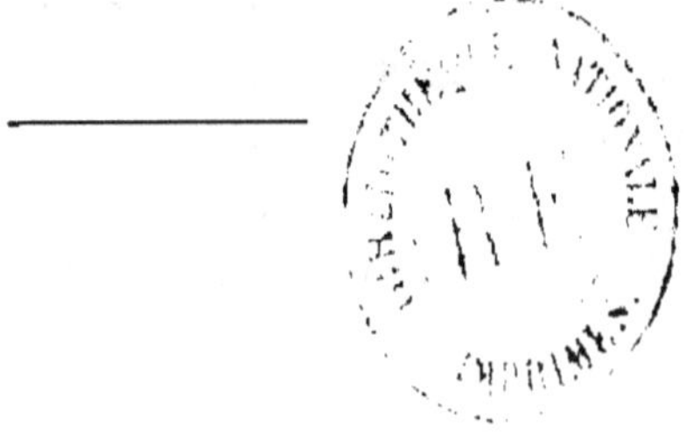

BIBLIOGRAPHIE

Bulletin monumental, tomes 11, 12, 14, 15, 16, 17, 19, 33, 35.

Congrès archéologique de France, XXVIIIe session, 1870.

X. *La Poterie normande au Trianon de porcelaine*, dans *Revue hist. de Versailles et Seine-et-Oise*, 1902.

BARBIER DE MONTAULT. *Les carreaux émaillés du château de Dissais*, dans *Bull. Soc. des Antiq. de l'Ouest*, 1888.

DIDRON. *Annales archéologiques*, tomes 11, 12, 19.

FARCY (P. de). *La Céramique dans le Calvados. Atelier du Molay*. Tours, 1884.

LE FORT (V.). *Poteries d'art, épis et poinçons*, dans *Revue illustrée du Calvados*, 1913.

MÉLY (F. de). *Les origines de la majolique française*, dans *Gazette des Beaux-Arts*, 1885.

MONTIER (A.). *Notice sur les pavés du Pré-d'Auge et les pavés de Lisieux*. Paris, 1902.

— *Les épis du Pré-d'Auge et de Manerbe*. Paris, 1904.

MORIÈRE. *Industrie potière dans le Calvados*, dans *Annuaire Assoc. normande*, 1850.

NICOLAS (A.). *Le Calvados agricole et industriel*. Caen, 1912.

QUEVILLY (H.). *Notes sur la poterie de Châtel-la-Lune*, publiées par M. l'abbé Porée. Caen, 1897.

REVER. *Notice sur les pavés émaillés de Calleville*, dans *Mém. Soc. des Antiq. de Normandie*, 1826.

TEXIER. *La Céramique rustique en Normandie*, dans *Revue de l'Architecture*, 1866.

VILLERS (G. de). *Industrie potière dans le Calvados*, dans *Annuaire Assoc. normande*, 1843.

TABLE DES PLANCHES

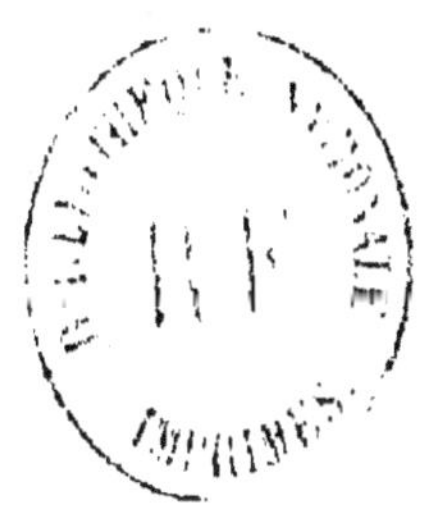

TABLE DES MATIÈRES

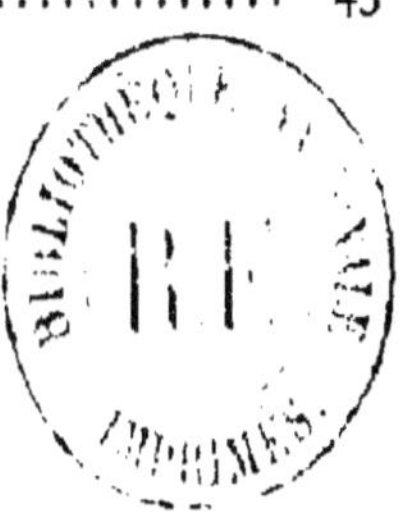

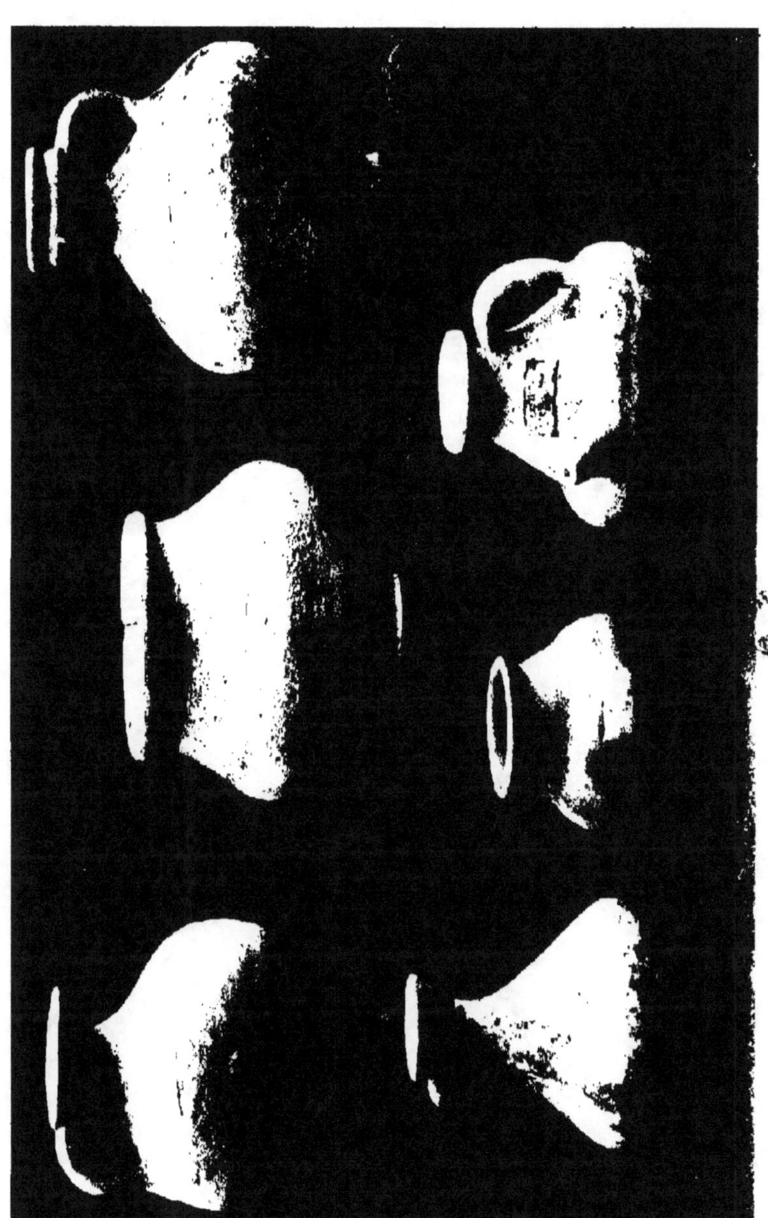

VASES GALLO-ROMAINS
Musée de Lisieux.

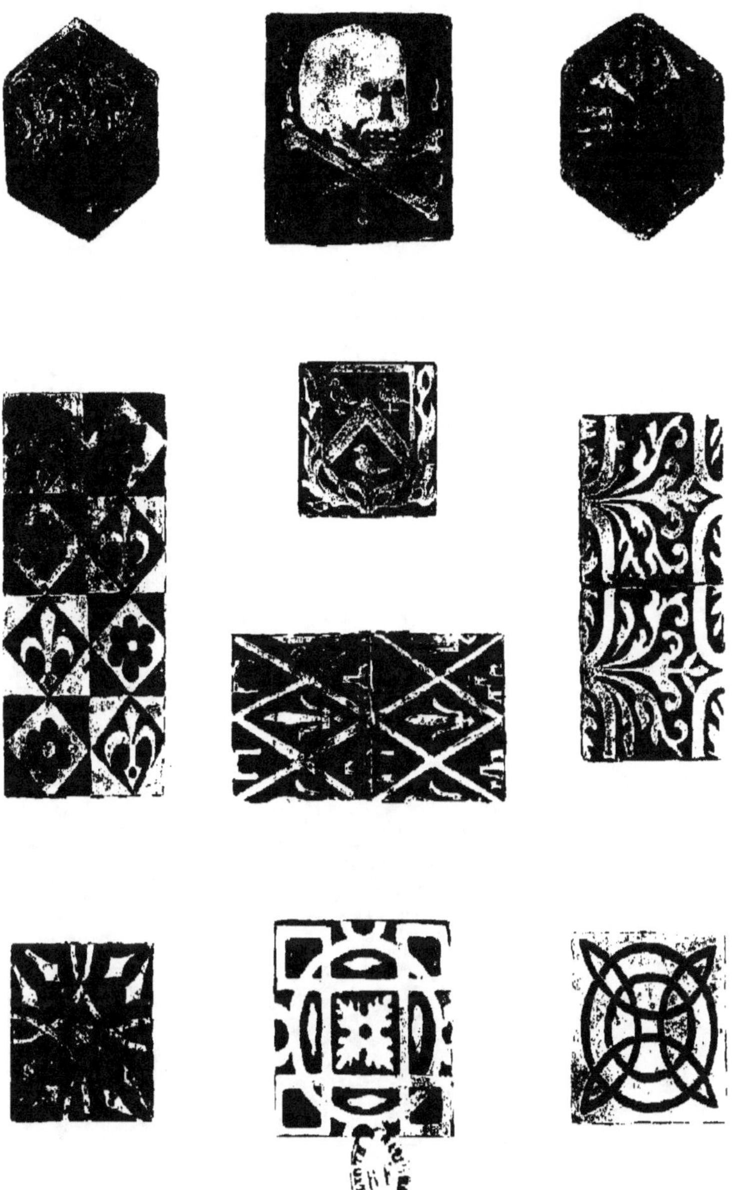

Pavés du Pré d'Auge

D'après les aquarelles de M. Gaston Piquot sculpteur à Lisieux.

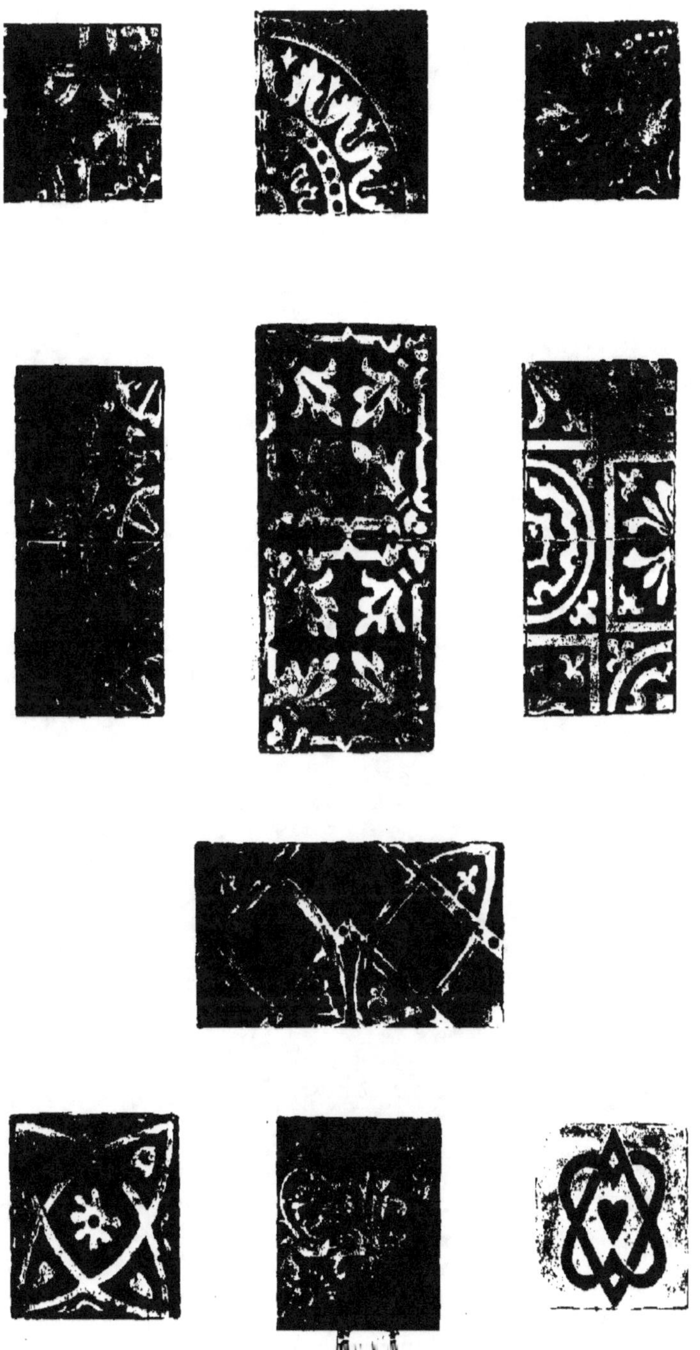

Pavés du Pays d'Auge.

D'après les aquarelles de M. Gaston Piquot sculpteur à Lisieux.

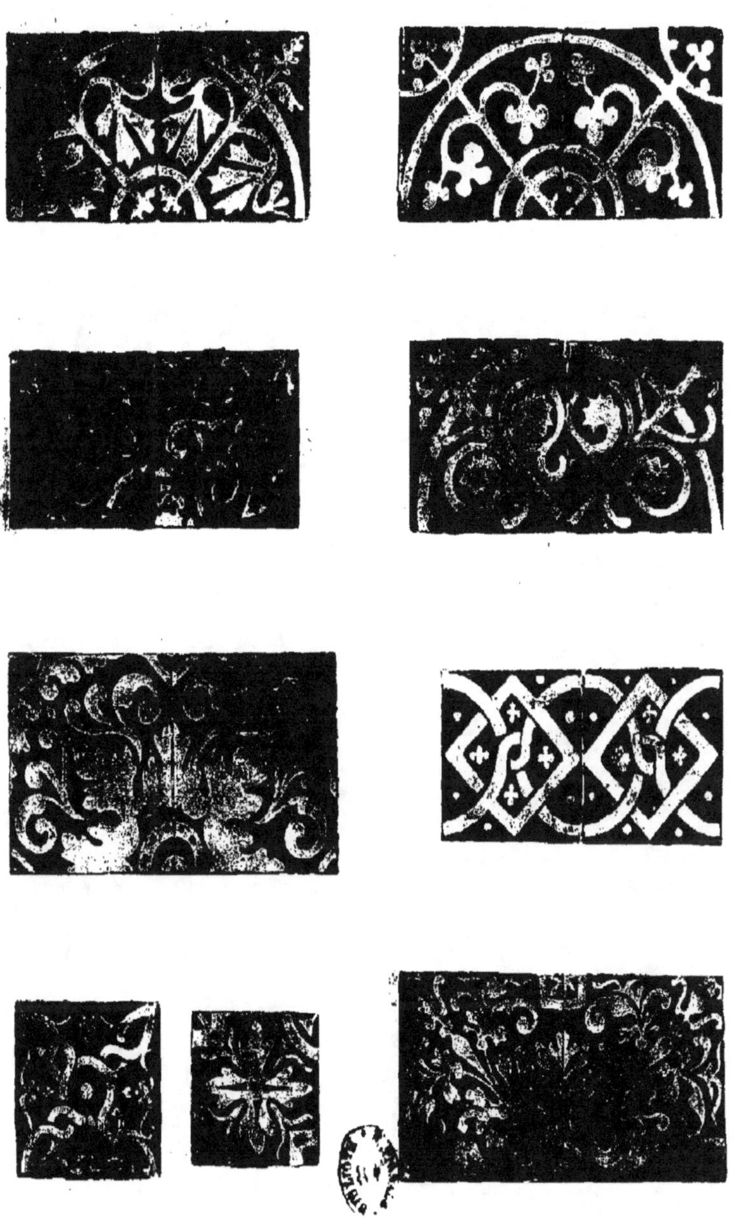

PAVÉS DU PRÉ D'AUGE.
D'après les aquarelles de M. Gaston Piquot sculpteur à Lisieux.

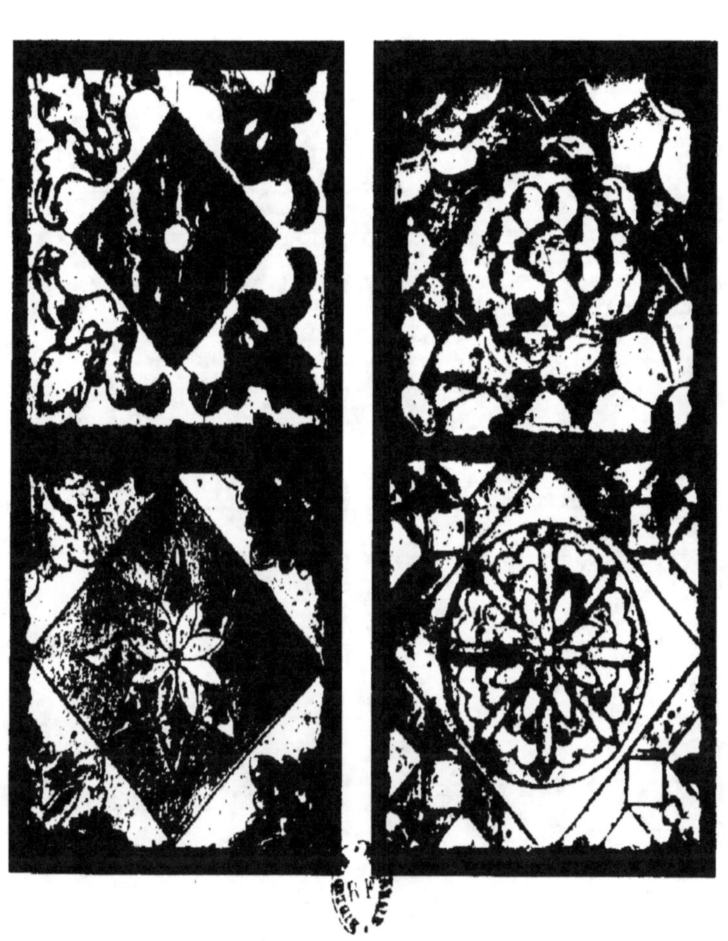

PAVÉS DE LISIEUX.
Collection de l'auteur.

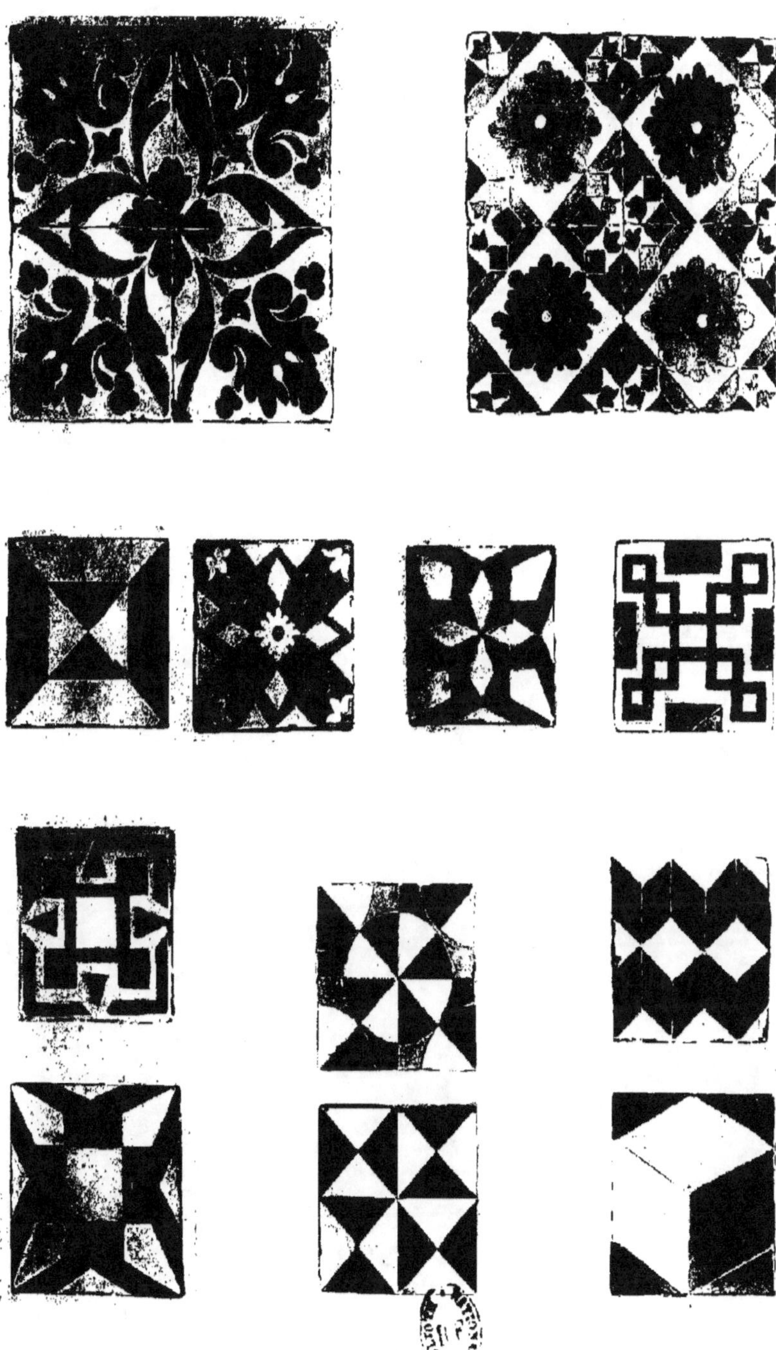

PAVÉS DE LISIEUX.

D'après les aquarelles de M. Gaston Piquot sculpteur à Lisieux.

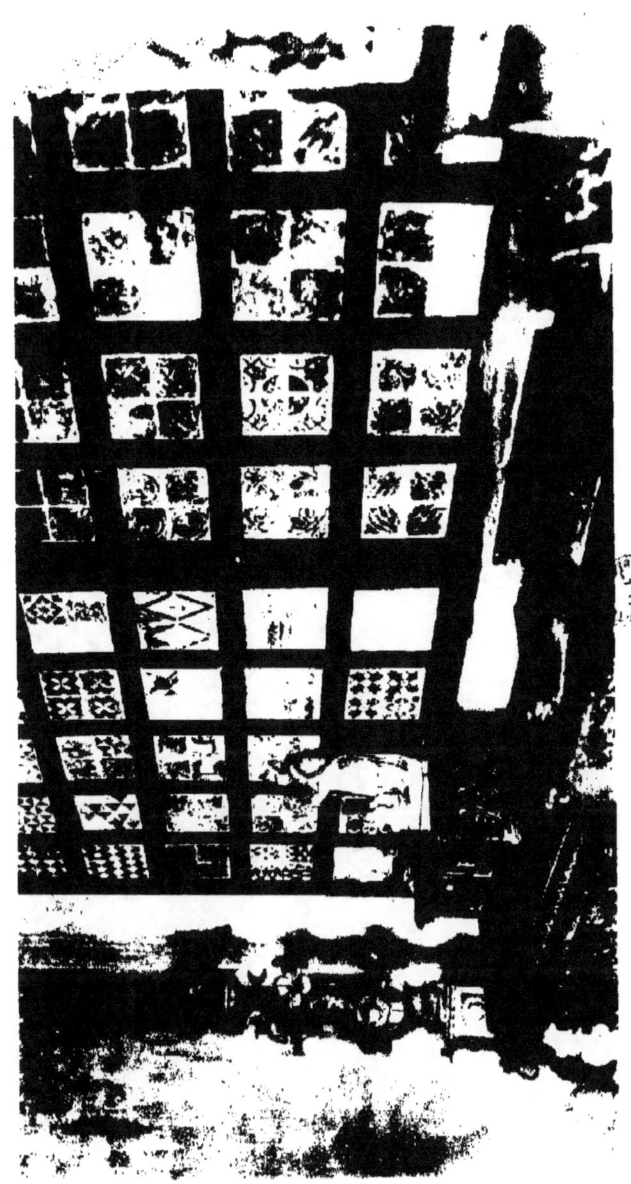

Arrangement de pavés du Pré d'Auge.
Musée du Vieux Honfleur.

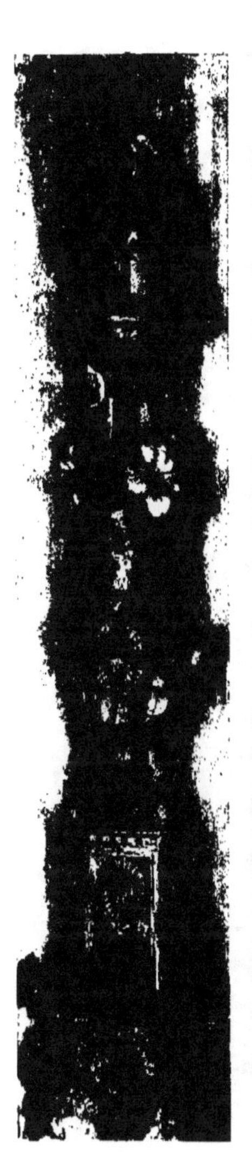
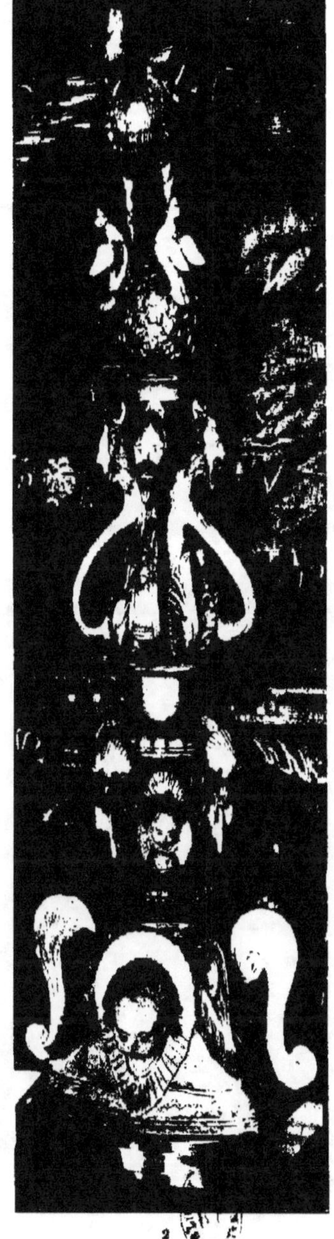
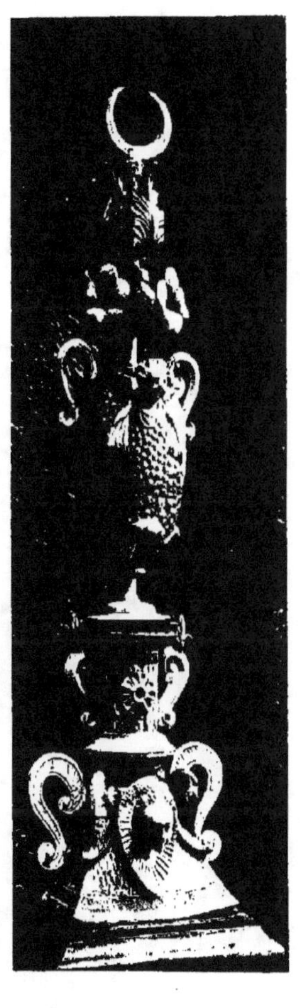

Epis de faitage.

1. Musée du Vieux Honfleur.
2. Chez Mme Caron, Lisieux.
3. Château d'Ouilly-le-Vicomte.

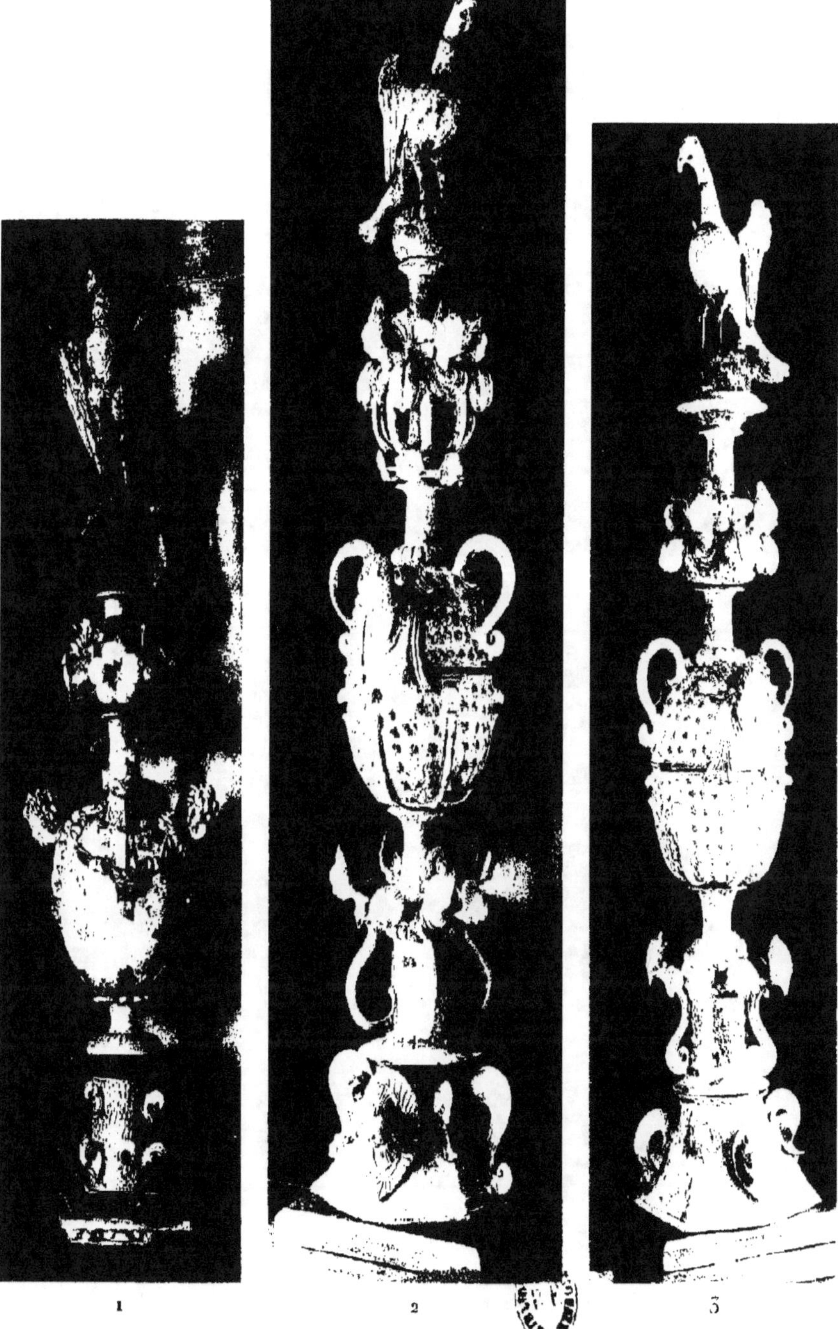

Epis de faitage.

1. Château de Manerbe.

2, 3. Manoir de Barville, Bernay (Coll. Lerenard-Lavallée).

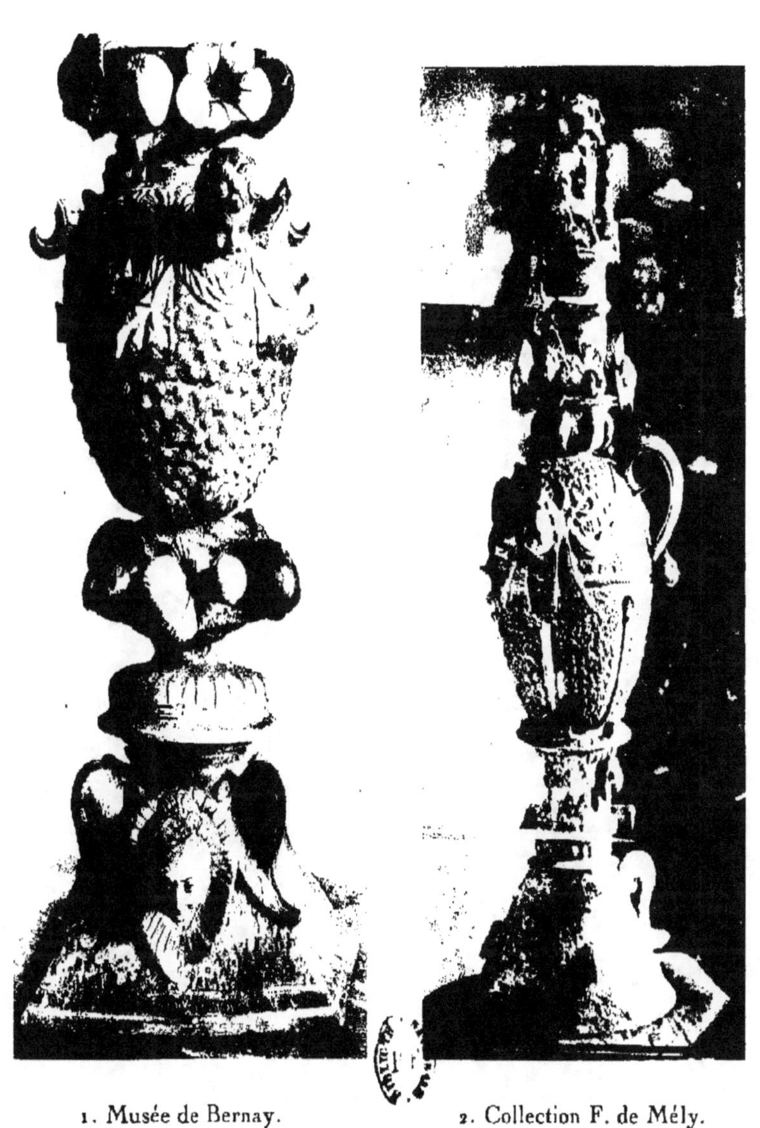

1. Musée de Bernay.   2. Collection F. de Mély.

Epis de faitage (fragments).

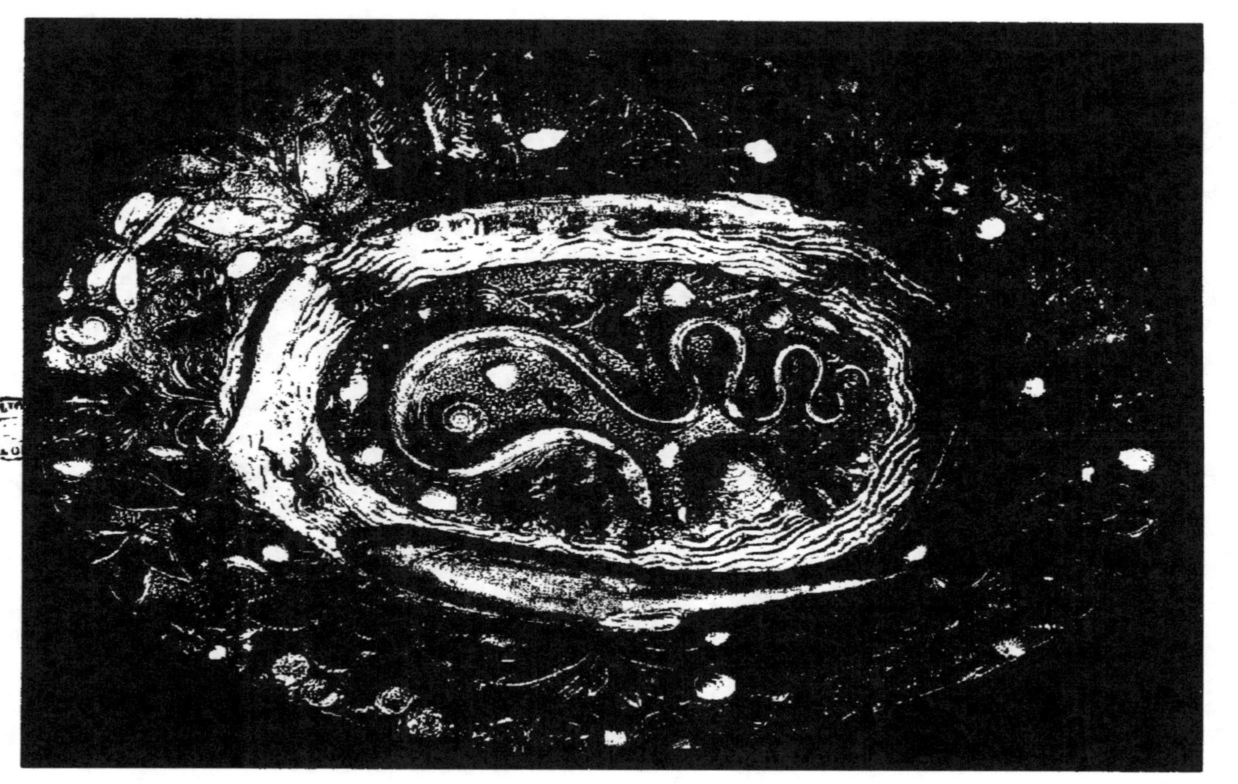

Plat décoratif. — Suite de Palissy.
Docteur Colombe, Lisieux

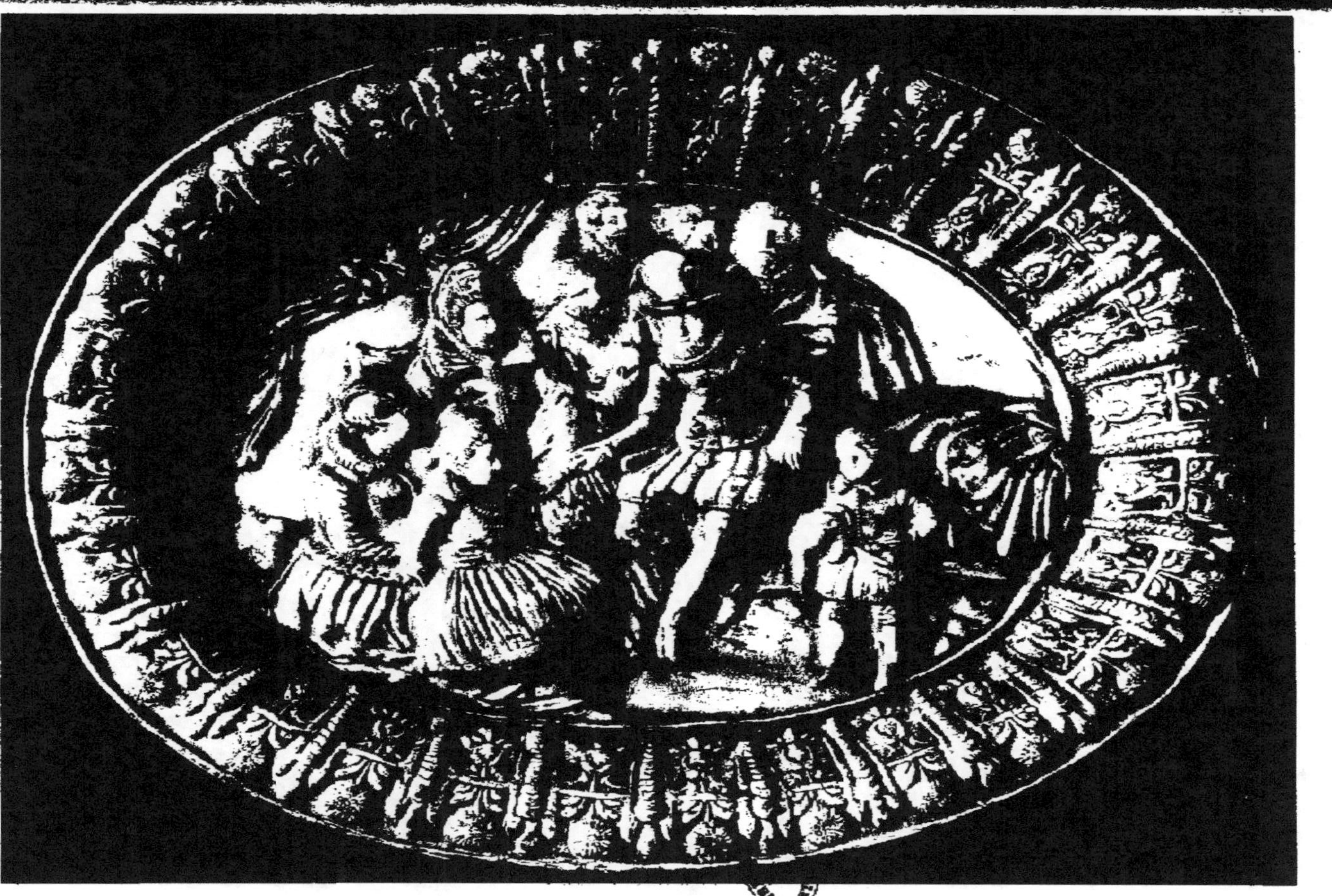

PLAT. — Henri IV et sa famille.

Collection F. de Mély, Château de Mesnil-Germain.

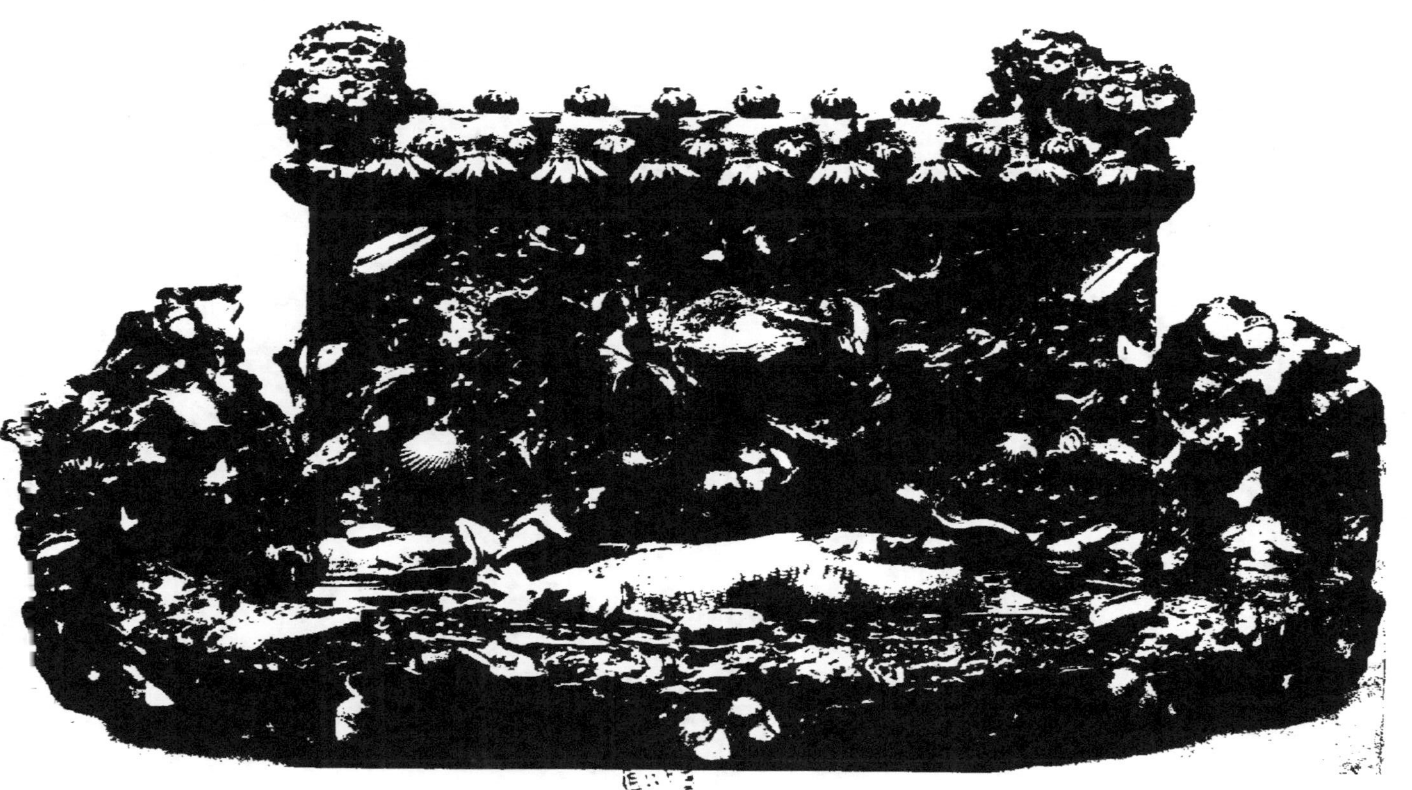

JARDINIÈRE. — Suite de Palissy.
Collection de l'auteur.

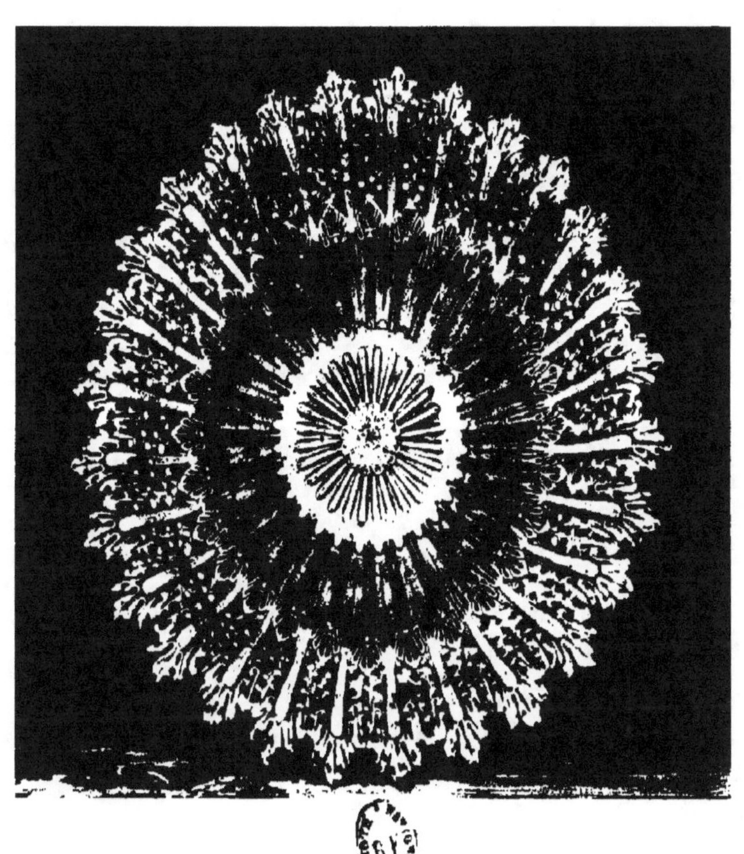

DRAGEOIR. — Suite de Palissy.
Collection F. de Mély.

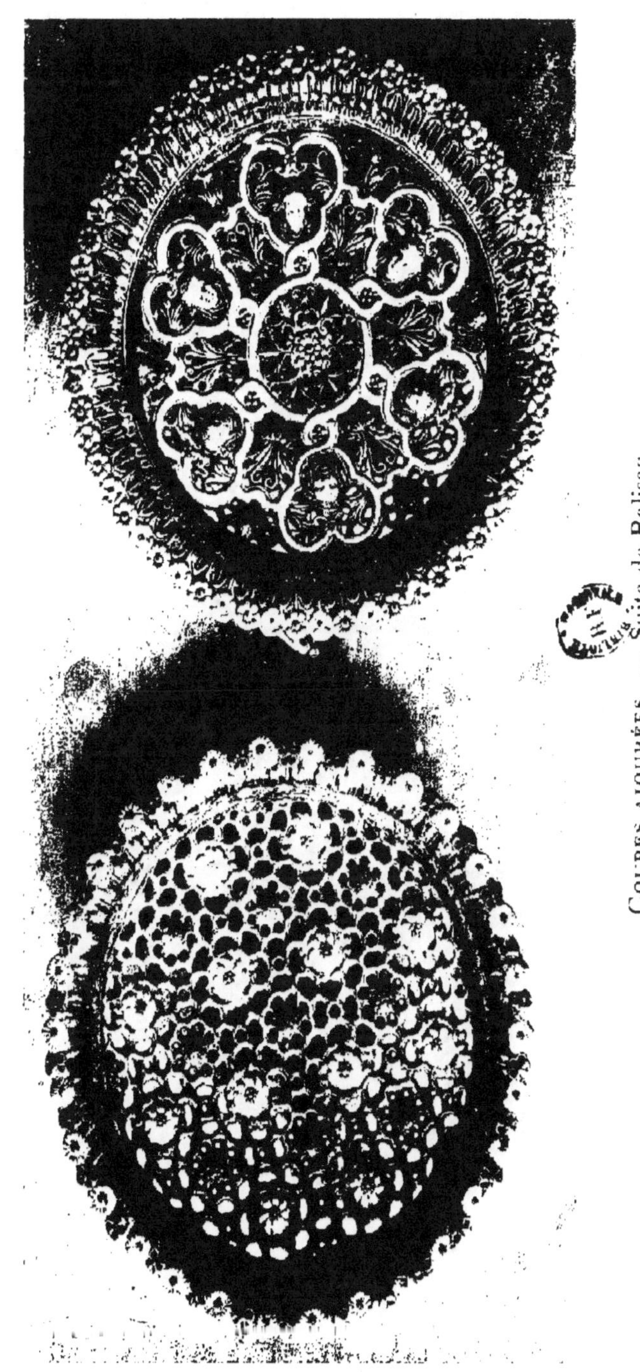

COUPES AJOURÉES. — Suite de Palissy.

Mme Lecarpentier à Lisieux.

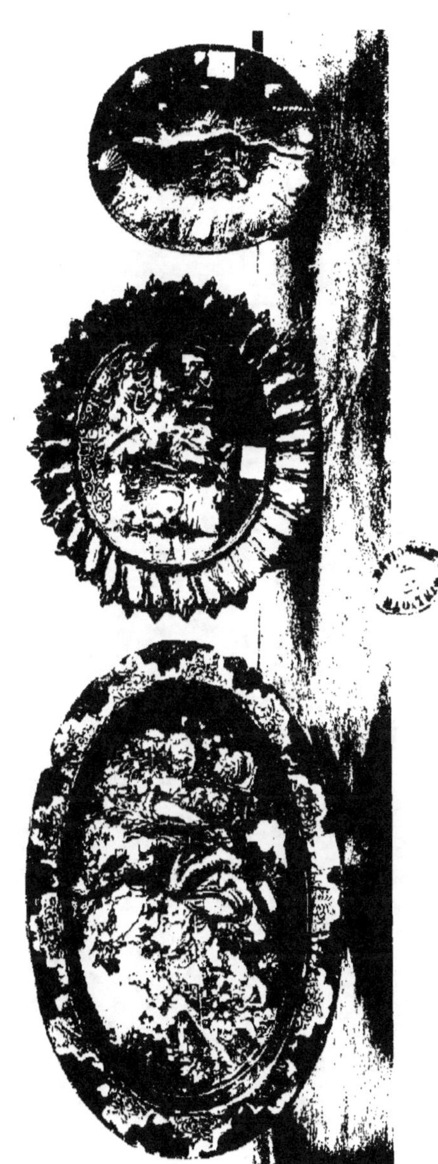

Plats décoratifs. — Suite de Palissy.
Musée de Bernay.

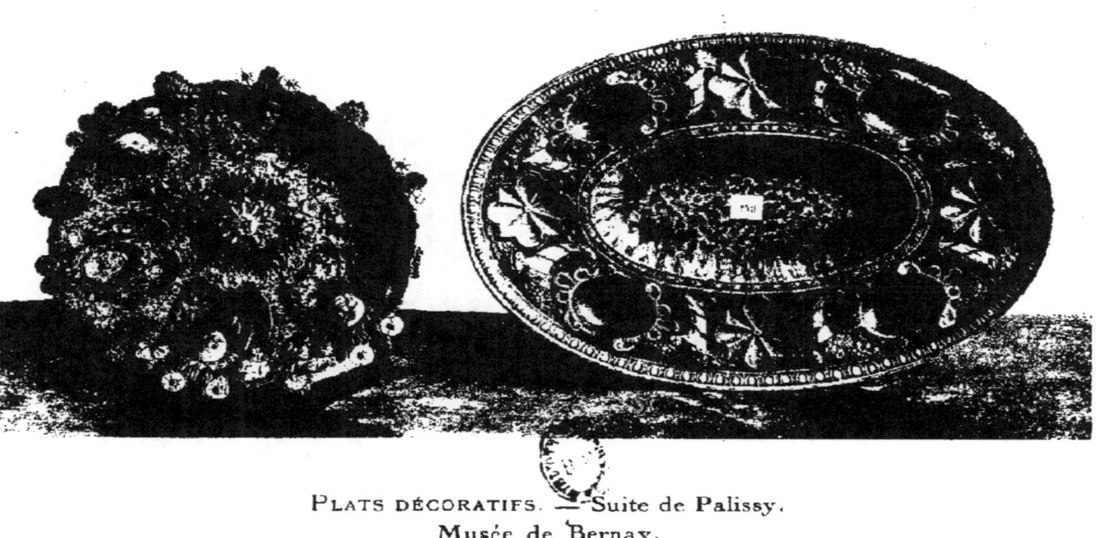

PLATS DÉCORATIFS. — Suite de Palissy.
Musée de Bernay.

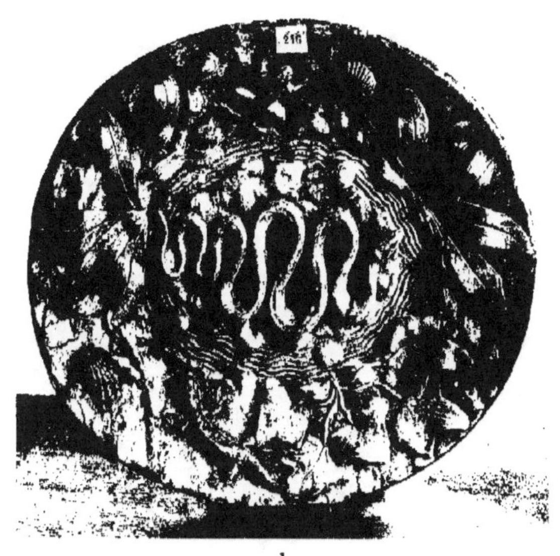

1

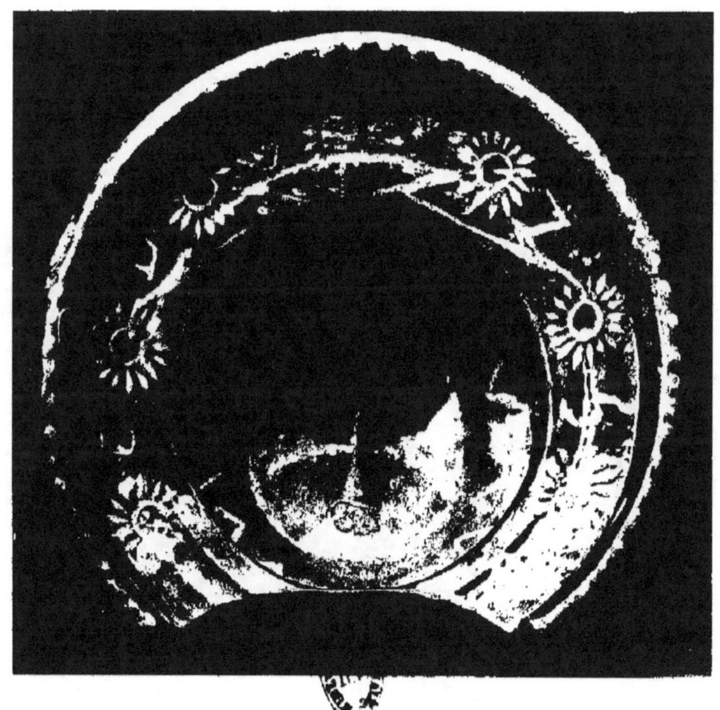

Céramique du Pré d'Auge.
1. Plat reptile, suite de Palissy (Musée de Bernay).
2. Plat à barbe, 1759 (Coll. de M. Ernest Petit à Lisieux).

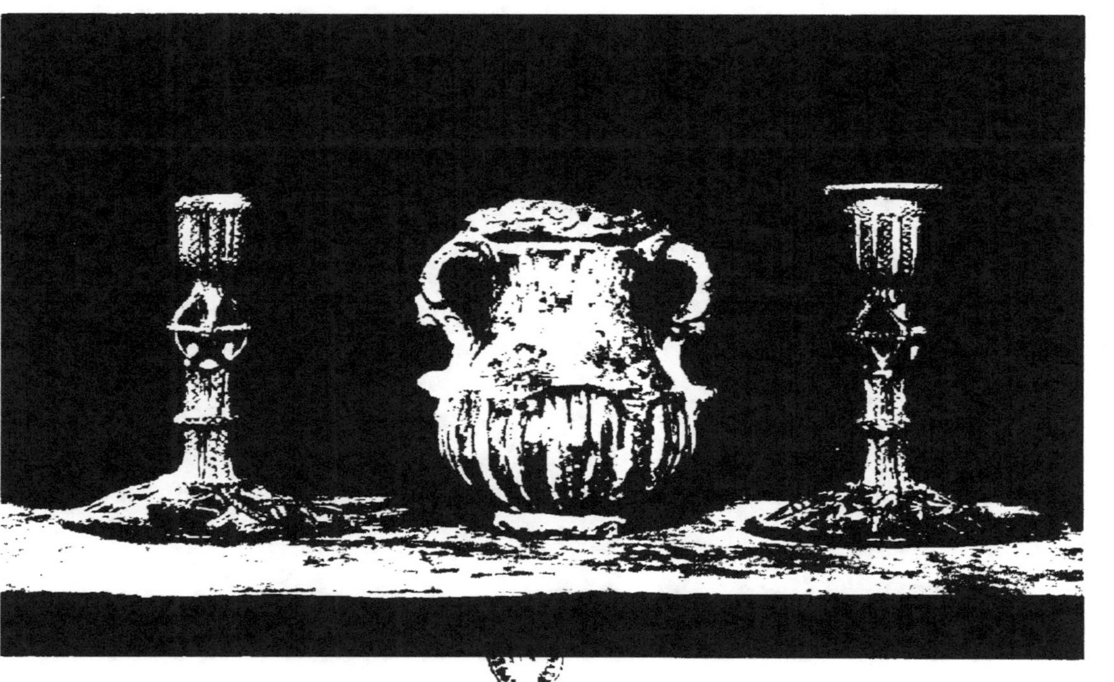

CÉRAMIQUE DU PRÉ D'AUGE.
Collection F. de Mély.

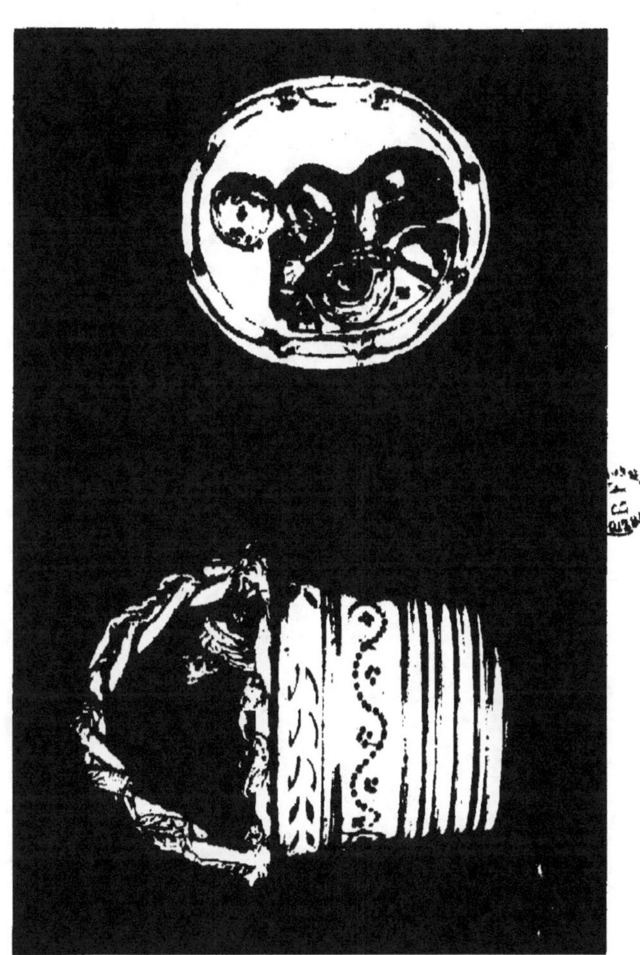

Céramique du Pré d'Auge.
Collection F. de Mély.

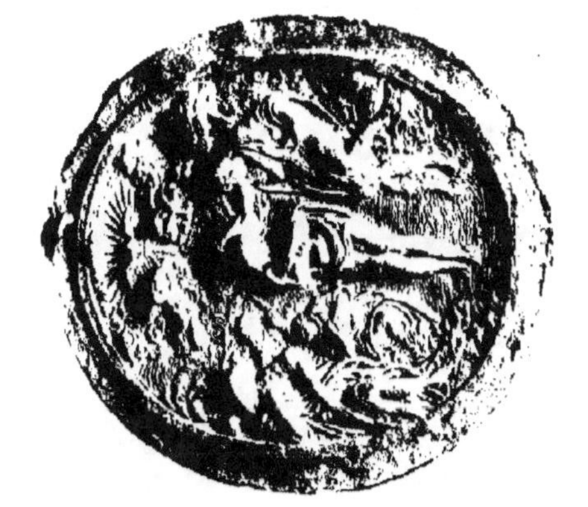

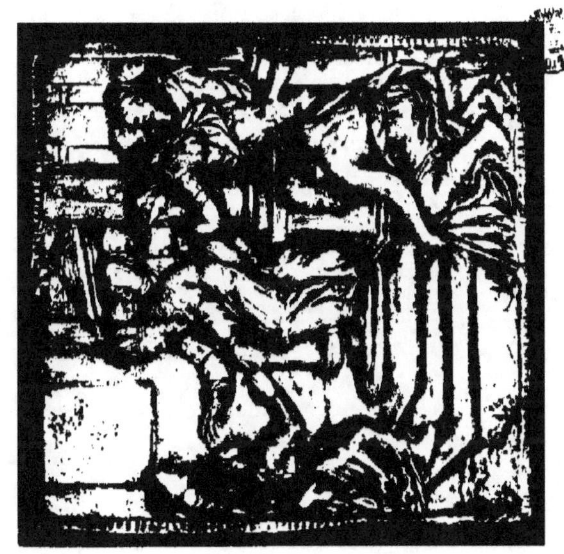

Céramique du Pré d'Auge.
Plaquette, Collection F. de Mély.
Médaillon, Musée de Bernay.

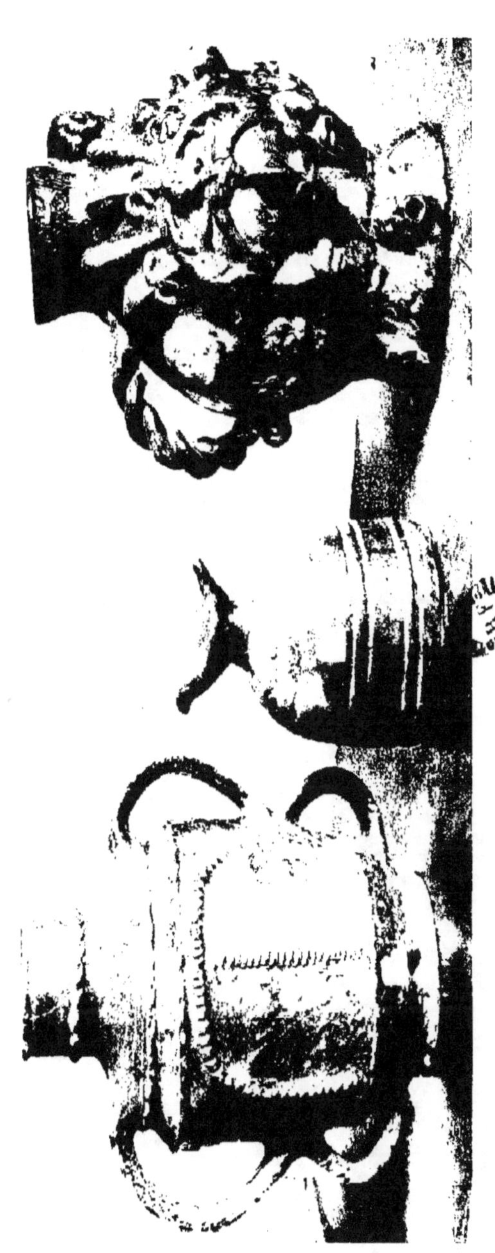

Céramique du Pré d'Auge.
Musée de Bernay.

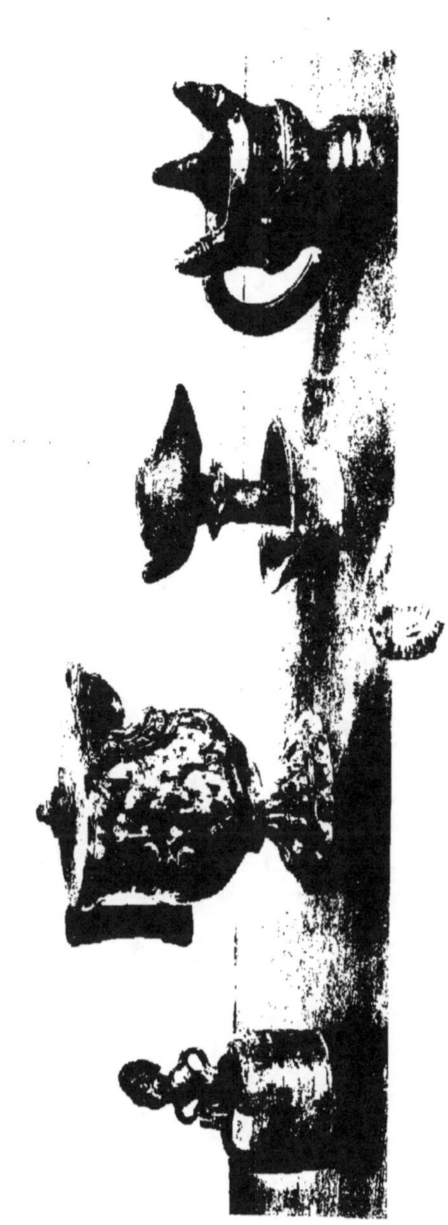

Céramique du Pré d'Auge.
Musée de Bernay.

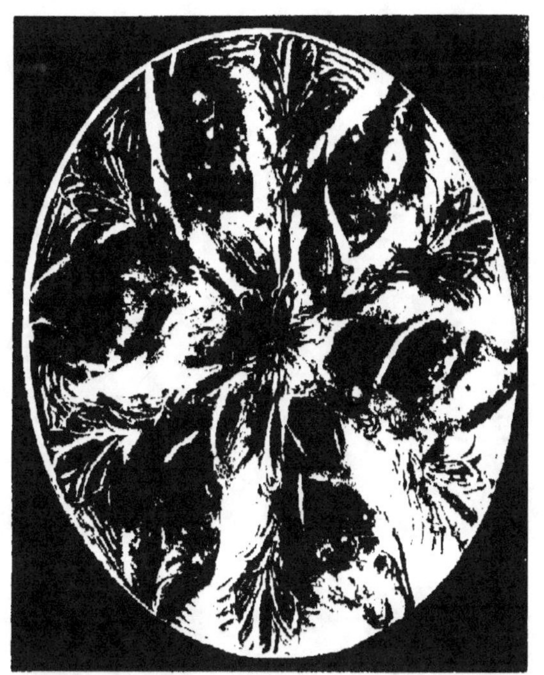

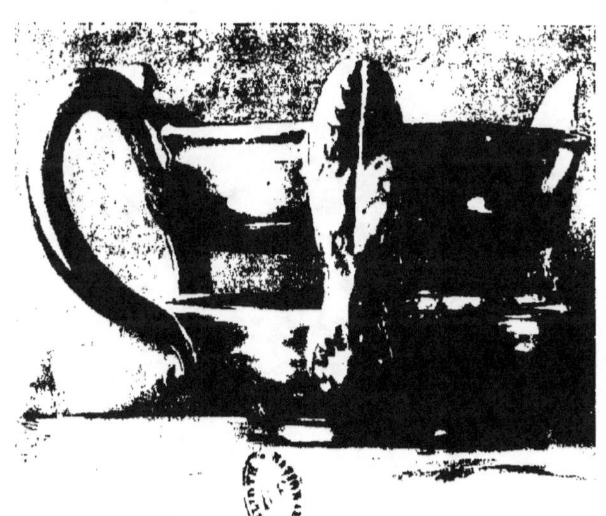

Céramique du Pré d'Auge.
Plat décoratif. - Réchaud.
Collection F. de Mély.

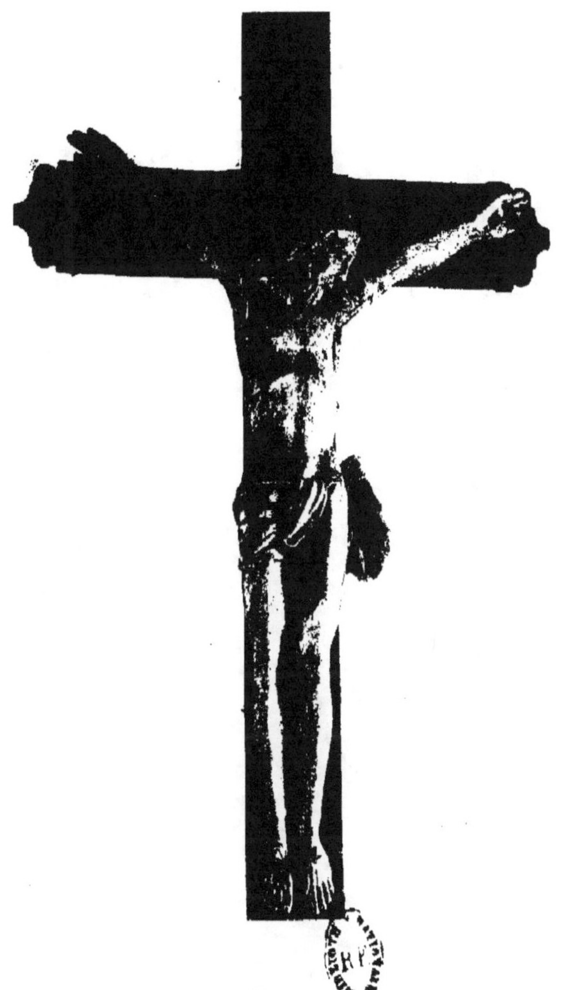

CHRIST.
Attribué à Joachim Vattier.
Eglise du Pré d'Auge.

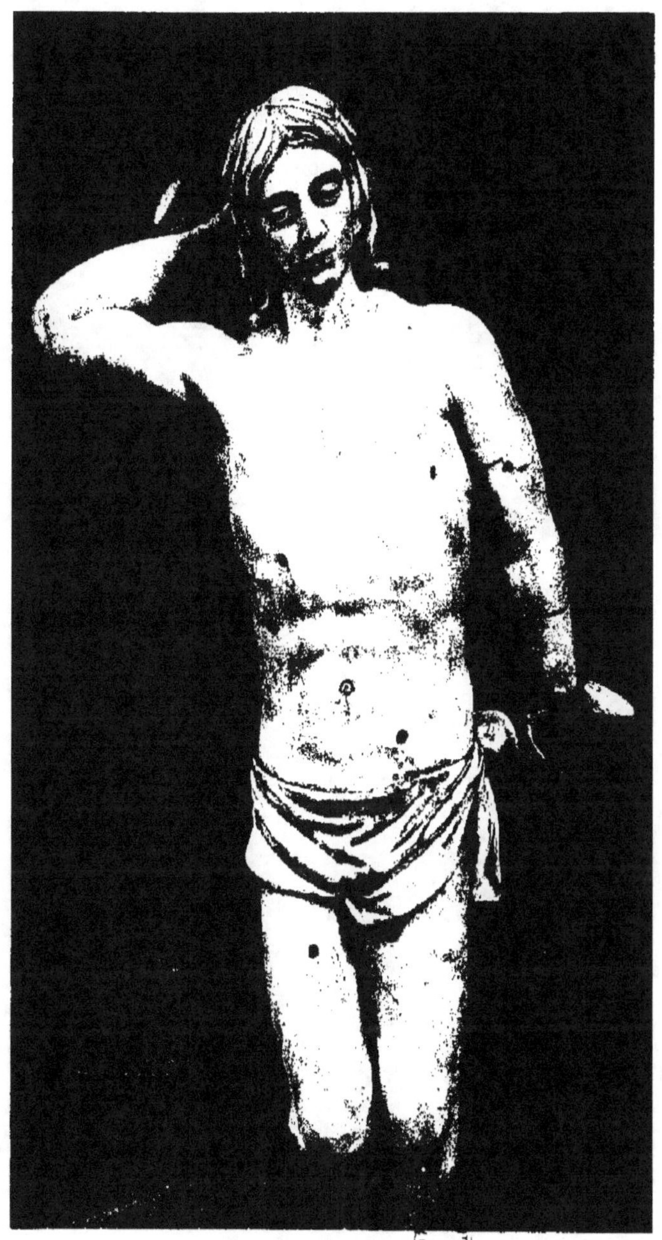

SAINT SÉBASTIEN.
Église de Grandouet.

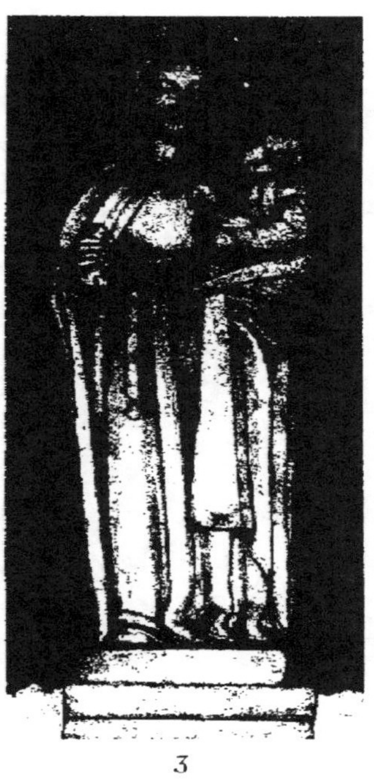
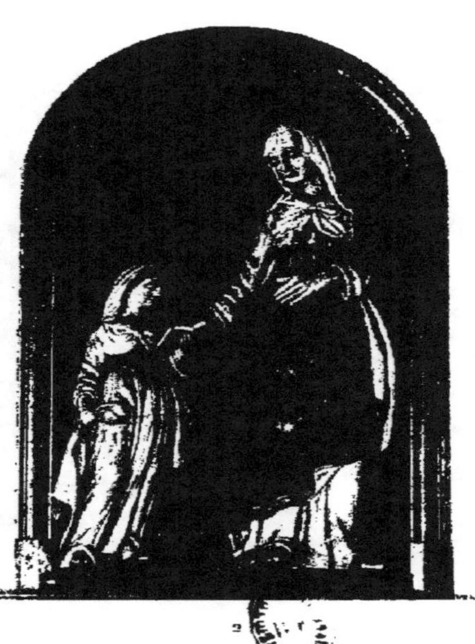
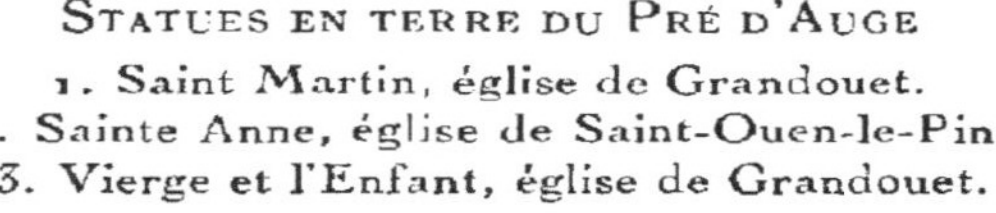

STATUES EN TERRE DU PRÉ D'AUGE

1. Saint Martin, église de Grandouet.
2. Sainte Anne, église de Saint-Ouen-le-Pin.
3. Vierge et l'Enfant, église de Grandouet.

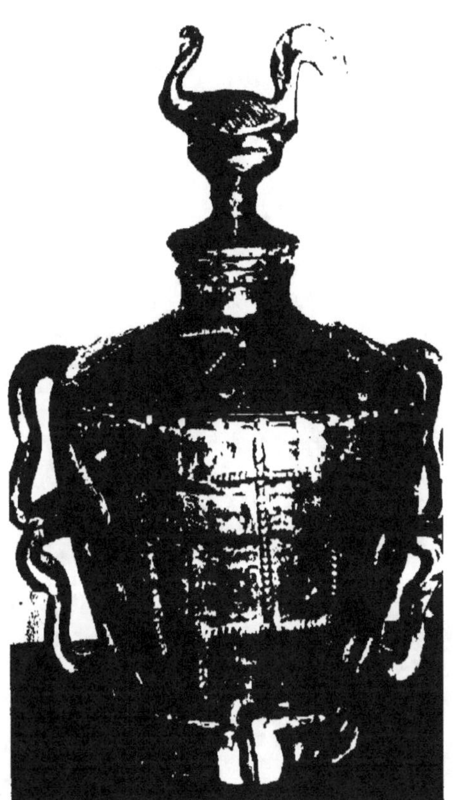

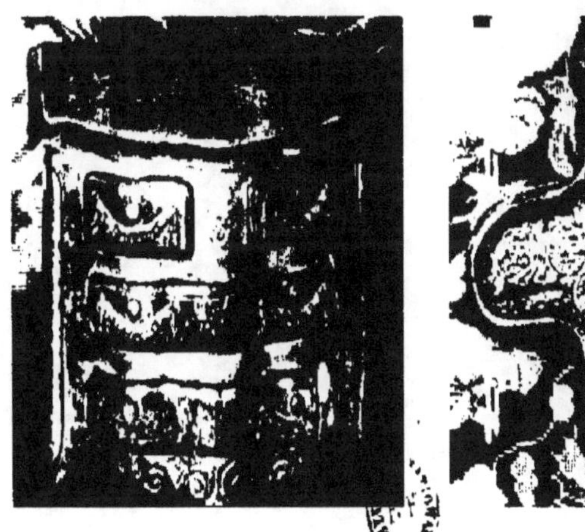

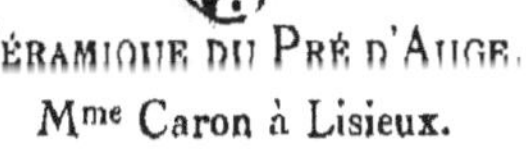

Céramique du Pré d'Auge.

Mme Caron à Lisieux.

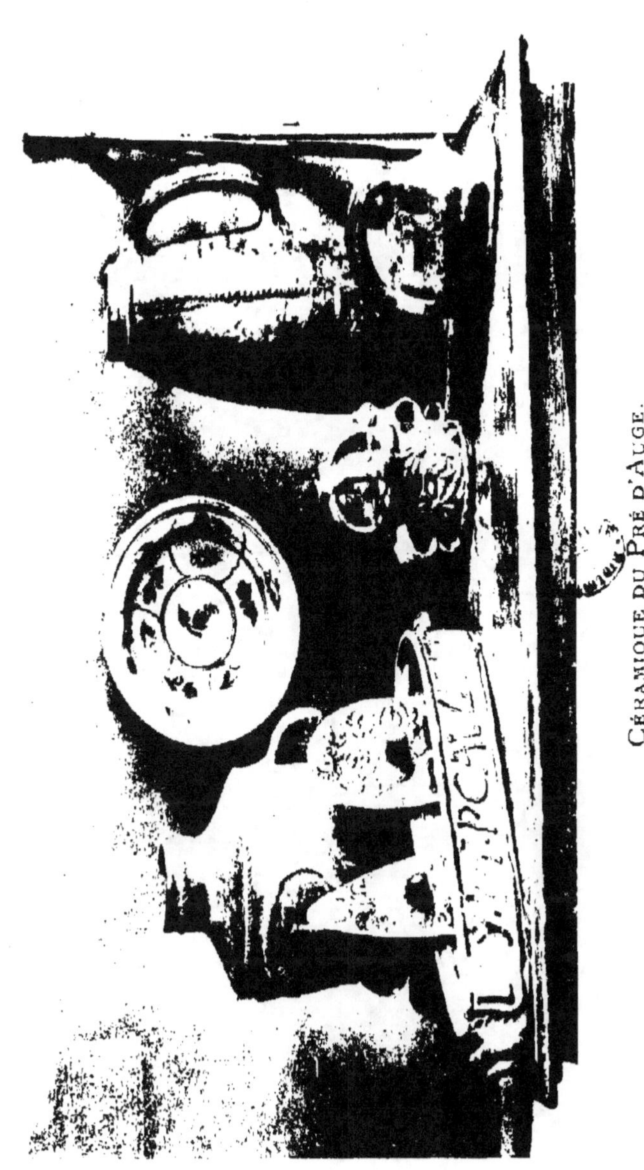

CÉRAMIQUE DU PRÉ D'AUGE.
Musée du Vieux Honfleur.

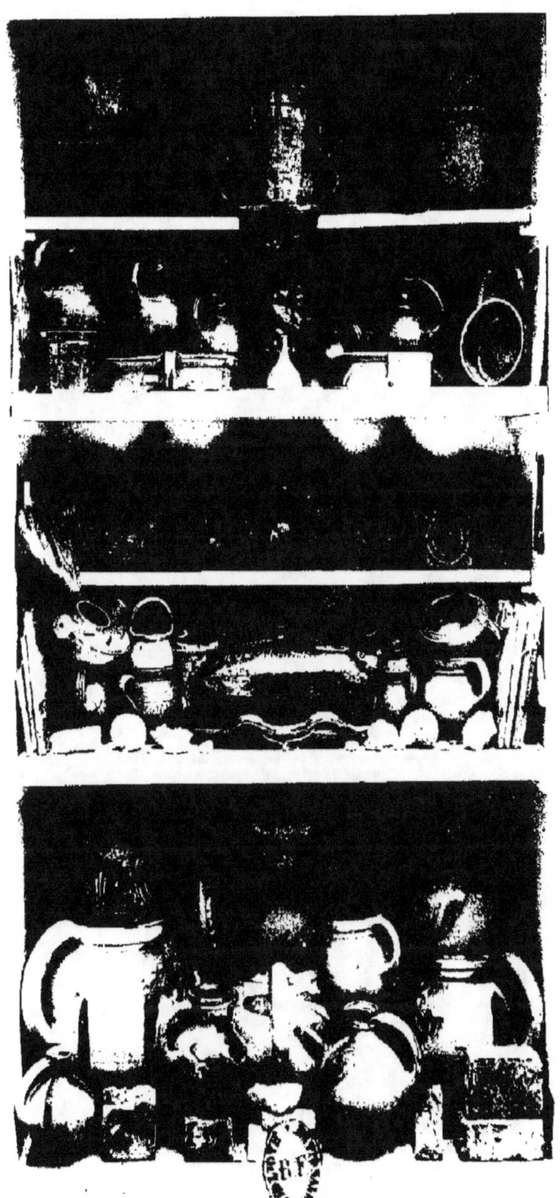

Céramique du Pré d'Auge.
Collection de M. Ernest Petit à Lisieux.

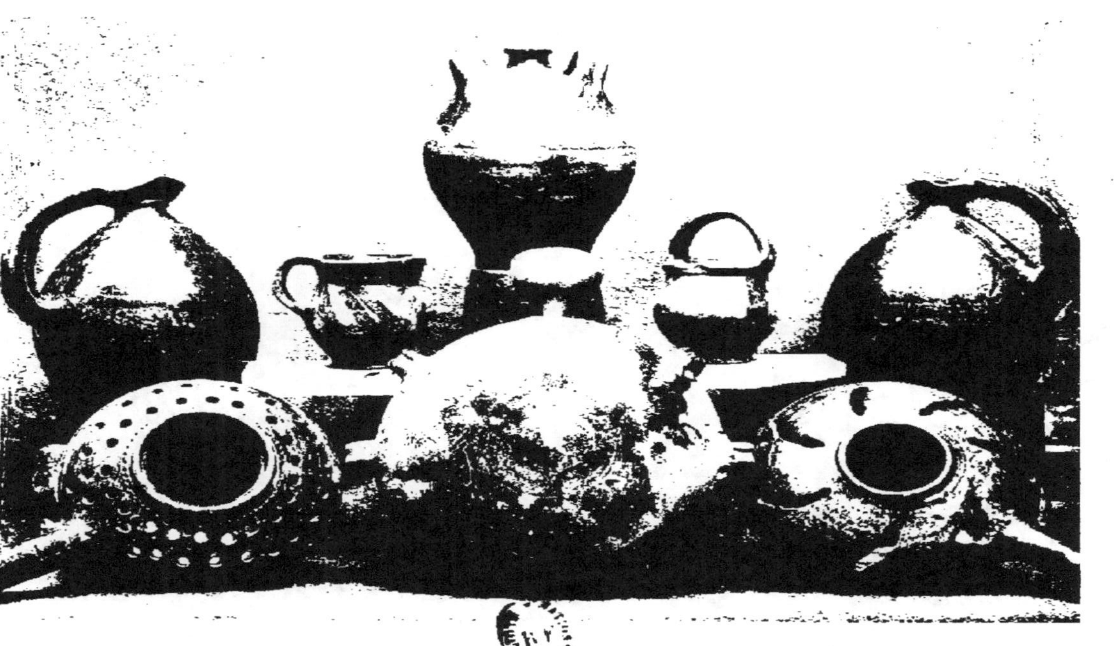

Ceramique du Pré d'Auge

Collection de M. Ernest Petit à Lisieux.

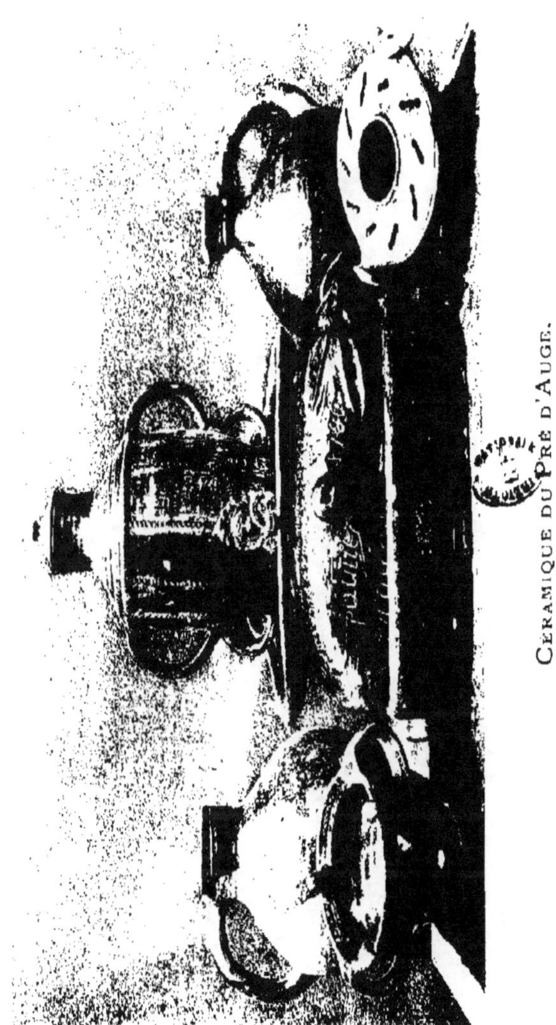

Céramique du Pré d'Auge.
Collection de M. Ernest Petit à Lisieux.